SO GEHT DAS!

SO GEHT DAS! PAPA

DAS ULTIMATIVE ANLEITUNGSBUCH

MOEWIG

Schwanger-
schafts-
planung

Säuglings-
pflege

Spaß und
Spiele

vorbereiten

handeln

spielen

Ein Wort von Shawn

48 Baby in U-Bahn bekommen

16 Mit dem Einkauf punkten

Ich bin ein Vater, was zunächst nicht viel heißt. Ich bin ein Papa, was schon sehr viel mehr bedeutet. Jeder kann ein Vater sein, und so war es lange Zeit (denn man braucht dazu nur fruchtbar sein). Aber um ein Papa zu sein, braucht man Durchhaltevermögen, Hingabe und Güte. Es gibt Väter, und es gibt Papas. Darth Vader sagte ja auch „Ich bin dein Vater, Luke" und nicht „Ich bin dein Papa, Luke".

Um aus mehr Vätern Papas zu machen, habe ich dieses Buch geschrieben. Warum? Weil Mamas und Papas ganz unterschiedlich zu Eltern werden. Die Mama-Baby-Verbindung beginnt schon lange, bevor die Fruchtblase platzt. Mamas treffen bewusste Entscheidungen in Hinblick auf Ernährung und Lebensstil, schon vor der Empfängnis und während der Schwangerschaft. Für den Papa beginnt die Verbindung meist erst im Kreissaal, wenn das Baby geboren wird, bei Tag 1, während Mama bereits bei Tag 462 angelangt ist.

24 Eine To-do-Liste schreiben

Milchnahrung richtig mischen 77

Und weil Papas ihren eigenen Weg gehen, brauchen sie auch einen eigenen Ratgeber, und zwar keinen von diesen riesigen Wälzern mit winzigen Buchstaben.

So war **So geht das! Papa** geboren, vollgepackt mit leicht verständlichen Schritt-für-Schritt-Anleitungen. (Eine natürliche Geburt übrigens, kein Kaiserschnitt.)

Das ist das Buch, das ich gerne gehabt hätte, als mein erstes Kind geboren wurde. Sie müssen sich keine Sorgen mehr darüber machen, was Ihre Frau während der Schwangerschaft essen darf (#16), wie Sie das Zuhause kindersicher gestalten (#30) oder was Sie für das Krankenhaus einpacken (#42). Aber dieses Buch deckt viel mehr als nur die Grundlagen ab. Wissen Sie, wie Sie ein Handy als Babyphon verwenden? Wir helfen Ihnen (#72). Sie hätten gerne eine Farbtabelle für den Stuhl Ihres Babys? Kein Problem (#81). Die Wehen kommen in der U-Bahn? Selbst da können wir helfen (#48). Von der Babynahrung (#77) bis zur Papa-To-do-Liste (#24) – in **So geht das! Papa** steht einfach alles!

Mein Großvater ging bei der Geburt meines Vaters nicht ins Krankenhaus. Mein Vater saß im Warteraum, als ich geboren wurde. Ich hielt die Beine meiner Frau, als meine Söhne Jackson und Tanner das Licht der Welt erblickten. Der moderne Papa entwickelt sich weiter und braucht dafür Informationen und Aufklärung. Sehen Sie **So geht das! Papa** einfach als ein illustriertes Handbuch für den zweitwichtigsten Job in der Geschichte der Menschheit!

Handy als Babyphon verwenden 72

Zu diesem Buch

Auf den folgenden Seiten sind nahezu alle wichtigen Informationen grafisch dargestellt. In den meisten Fällen sind die Bilder selbsterklärend. Ab und zu gibt es zum besseren Verständnis zusätzliche Informationen.

ZOOMS Vergrößerte Ausschnitte neben oder in einem Bildrahmen enthalten wichtige Informationen – oder Warnungen.

MASSANGABEN Die für Aktivitäten benötigten Maßangaben finden Sie in den Bildkästchen.

240 ml

1 m

WERKZEUG Die Werkzeugleiste zeigt alles, was Sie für die abgebildete Aktivität brauchen. Falls Sie eine Zeichnung nicht erkennen, sehen Sie im praktischen Glossar am Ende des Buches nach.

QUERVERWEISE Manchmal führt eins zum anderen. Folgen Sie den Verweisen auf verwandte oder hilfreiche Informationen.

Hartnäckige Flecken entfernen 90

ICON-ERKLÄRUNG Eine Vielzahl von praktischen Icons weist auf wichtige Aspekte wie Zeit oder Temperatur hin. Folgende Icons finden Sie immer wieder:

	Die Stoppuhr zeigt an, wie lange eine Aktivität dauern soll.	×2	Abgebildete Handlungen der Zahl entsprechend wiederholen.
	Der Kalender zeigt, wie viele Tage, Wochen oder Monate die Aktivität benötigt.		Achtung – Stinkalarm! Vor dem Ausführen dieser Aktivität ein Fenster öffnen.
	Am Thermometer können Sie die erforderliche Temperatur ablesen.	*	Das *-Symbol führt Sie zu wichtigen oder interessanten Zusatzinformationen.

ANMERKUNG Vergewissern Sie sich bei allen Aktivitäten, dass Sie und Ihr Kind sicher sind. Behalten Sie dabei diese Richtlinien im Auge:

- Während und nach der Schwangerschaft sollte Mama einen Arzt aufsuchen, bevor sie körperlich anstrengende Tätigkeiten ausführt, oder immer dann, wenn eine Tätigkeit ihren Zustand beeinflussen oder beeinträchtigen könnte. Seien Sie sich ihrer Grenzen bewusst und helfen Sie ihr bei anstrengenden Aufgaben.
- Lassen Sie Ihr Kind niemals alleine, auch nicht für eine kurze Zeitspanne, wenn Sie etwas gemeinsam machen. Seien Sie wegen der Ertrinkungsgefahr besonders achtsam, wenn Wasser im Spiel ist.
- Halten Sie kleine Gegenstände wie Münzen oder Bonbons außer Babys Reichweite. Gegenstände, die kleiner als 4,5 cm sind, wie ein Luftballon oder ein Papierstück, sind leicht verschluckbar und das Baby könnte daran ersticken. Eine gute Faustregel: Wenn ein Gegenstand durch eine Klopapierrolle passt, nicht damit spielen.
- Vergewissern Sie sich, dass Schnüre nicht länger 18 cm sind. Lassen Sie Ihr Kind nie mit Schnüren oder Bändern unbeaufsichtigt, es könnte sich strangulieren.
- Bevor Sie eine Tätigkeit testen, stellen Sie sicher, dass sie dem Entwicklungsstand Ihres Kindes entspricht. Verwenden Sie nur ungiftige Materialien, die für das Alter Ihres Kindes zugelassen sind.
- Greifen Sie auf #30 zurück, um das Haus kindersicher zu machen. Entfernen Sie Wiegen-Mobiles, sobald sich das Kind mit Händen und Knien abstützen kann.

Ein befruchtetes Ei, nicht größer als ein Stecknadelkopf, wird sich einmal Ihre Autoschlüssel leihen. Das kann man sich kaum vorstellen, oder? Es ist eine Reise, die viel früher beginnt als mit den 300 Millionen Spermien, die als kämpferische Kandidaten am „Eileiter-Camp" teilnehmen. Die Vorbereitung ist essentiell. Für die zukünftige Mutter bedeutet das: Termine beim Arzt, Einnahme von pränatalen Vitaminen und Beobachtung ihres Zyklus. Auf der To-do-Liste des Mannes steht glücklicherweise das Zeugen an erster Stelle. Aber denken Sie nicht, dass Sie danach bis zur Geburt erstmal eine Auszeit haben. Ein Vater wird neun Monate, bevor das Baby zur Welt kommt, geboren. Sein Job beginnt, wenn der Schwangerschaftstest positiv ausfällt.

vorbereiten

1 Bereit dafür sein

60 Dem Haustier Baby vorstellen

Sie verbringen gerne Zeit mit den Kindern anderer Leute.

Die Finanzen stimmen.

Sie behandeln Haustiere wie Kinder.

Freunde und Familie unterstützen Sie gerne.

Sie brüten über möglichen Vornamen.

Sie finden Schwangere richtig sexy.

Die Frau hinterlässt Hinweise.

So fit wie möglich sein.

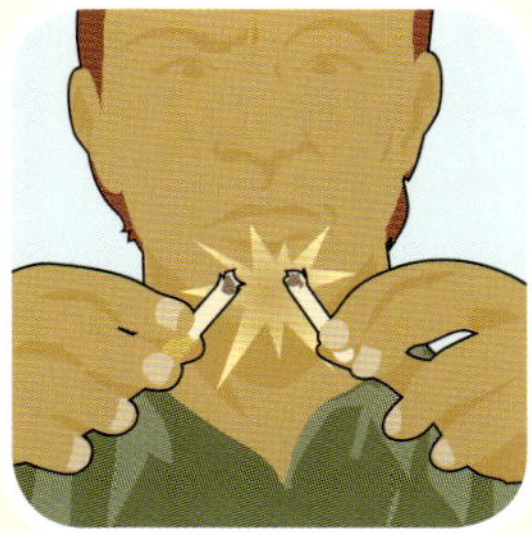

Schlechte Gewohnheiten ablegen.

Sich mit einem Arzt beraten.

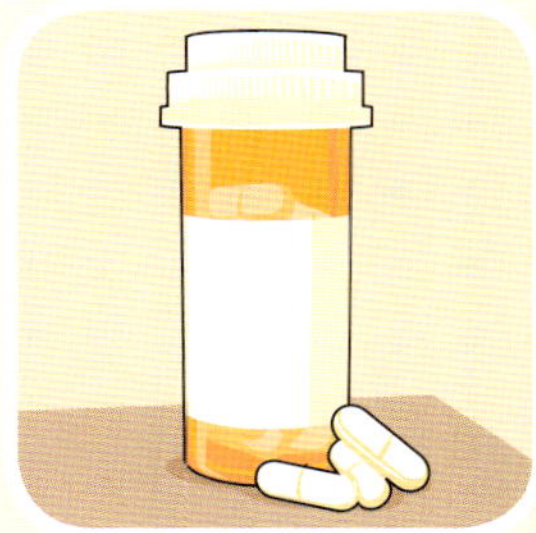

Verschriebene Medikamente überprüfen.

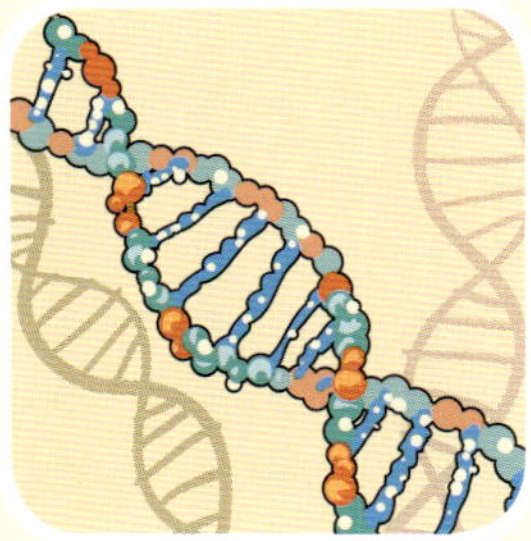

Genetischen Stammbaum erforschen.

Cool bleiben.

Schlechten Umgang meiden.

Üben.

* Lassen Sie sich vom Arzt durchchecken und besprechen Sie mit ihm Ihre Pläne

3 Die richtige Position finden

Erhöhen Sie die Erfolgsmöglichkeiten durch Positionen, die tiefes Eindringen erlauben und bei denen der Samen näher zum Muttermund kommt.

Missionarsstellung

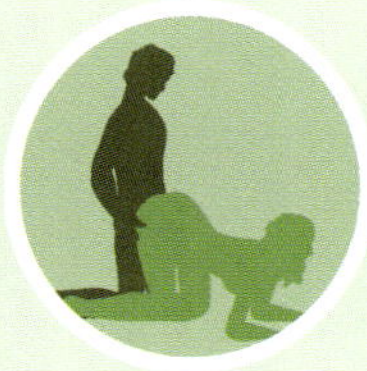
Von hinten

Löffelchen-Stellung

Oben bleiben

Keine Positionen im Stehen

4 An einem Jungen basteln

Männliche Spermien schwimmen und sterben schneller. Wenn Sie einen Jungen möchten, passen Sie Ihr Liebesleben so an, dass die schnellen Spermien sofort ans Ziel kommen.

Ihr kaliumhaltige Lebensmittel anbieten.

Vor dem Sex Kaffee trinken.

Von hinten eindringen.

Nach dem Eisprung Sex haben.

5 An einem Mädchen basteln

Spermien mit X-Chromosom sind langsamer, aber langlebiger. Wenn Sie ein Mädchen möchten, sollten Sie ideale Voraussetzungen für diese Spermien schaffen.

Ihr magnesiumhaltige Lebensmittel anbieten.

Zuerst ein warmes Bad nehmen.

Missionarsstellung genießen.

Vor dem Eisprung Sex haben.

Die Befruchtung 6

Wie genau entsteht jetzt ein Baby? Einmal im Monat, beim Eisprung, wird ein reifes Ei vom Eierstock ausgestoßen. Wenn es auf dem Weg zur Gebärmutter befruchtet wird, nistet es sich dort ein. Wenn nicht, wird es gemeinsam mit der Schleimhaut abgestoßen.

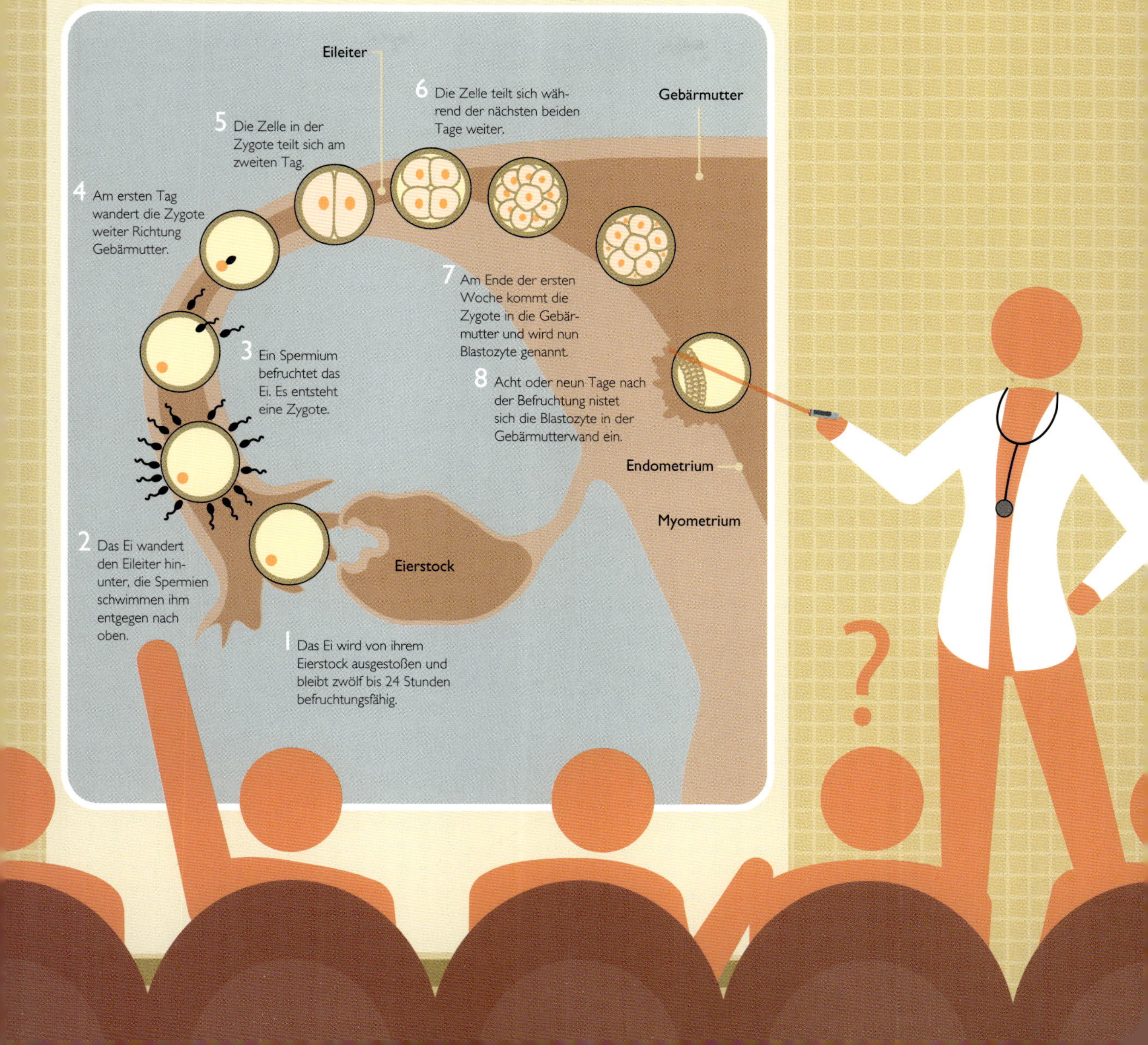

7 Ihre Symptome erkennen

Sie weiß vielleicht noch nicht, dass sie schwanger ist, aber ihr Körper verrät es. Folgende Zeichen können darauf hinweisen, dass ein Baby unterwegs ist.

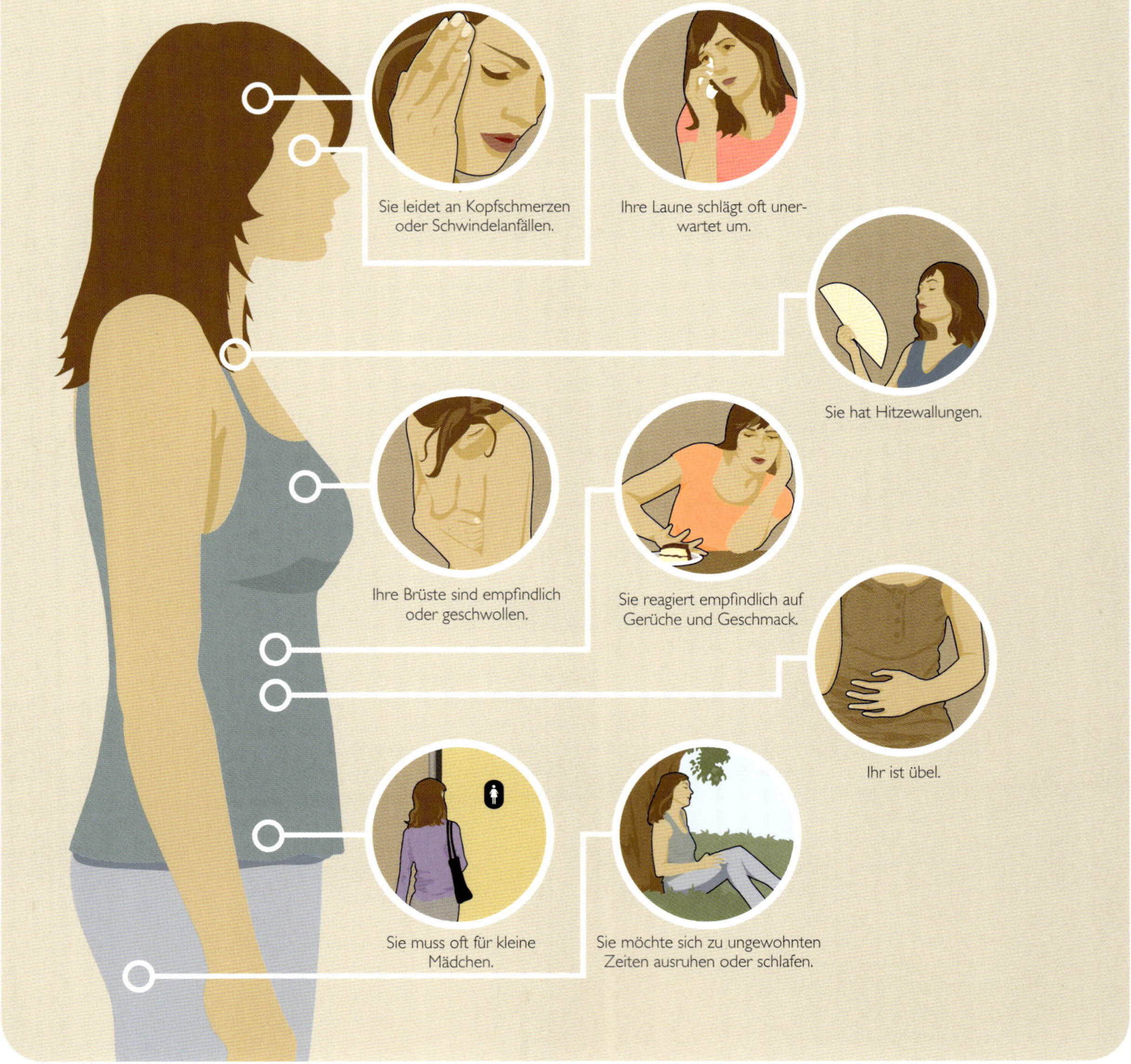

Die Nachricht erhalten 8

Wenn sie es Ihnen sagt, nutzen Sie die folgenden Tipps, um dem Moment mit Stil und Würde zu begegnen.

Tief durchatmen.

Sie umarmen.

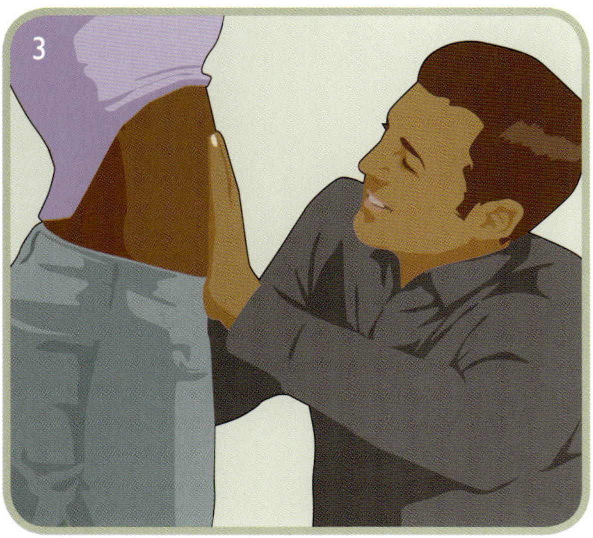

Sich vorstellen.

Gemeinsam feiern.

9 Couvade-Syndrom überstehen

Fühlen Sie sich auch schwanger? Solidarische Schmerzen sind nicht unüblich. Man spricht vom Couvade-Syndrom, wenn der Vater ebenso wie die Mutter an Schwangerschaftssymptomen leidet.

Vorsicht vor plötzlichen Stimmungsschwankungen!

Sich auf einige schlaflose Nächte vorbereiten.

Auf morgendliche Übelkeit achten.

107 Fitness-Übungen im Park

Gewichtszunahme einberechnen.

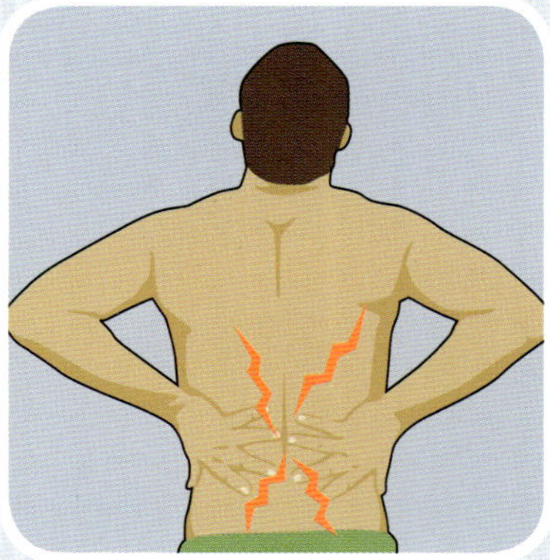

Sich für Rückenschmerzen wappnen.

Sich auf sorgenvolle Momente einstellen.

Durch Vaterfreuden kommt es in bestimmten Gehirnregionen zu vermehrter Aktivität. Die folgenden Regionen arbeiten hart, um Sie in einen Super-Papa zu verwandeln.

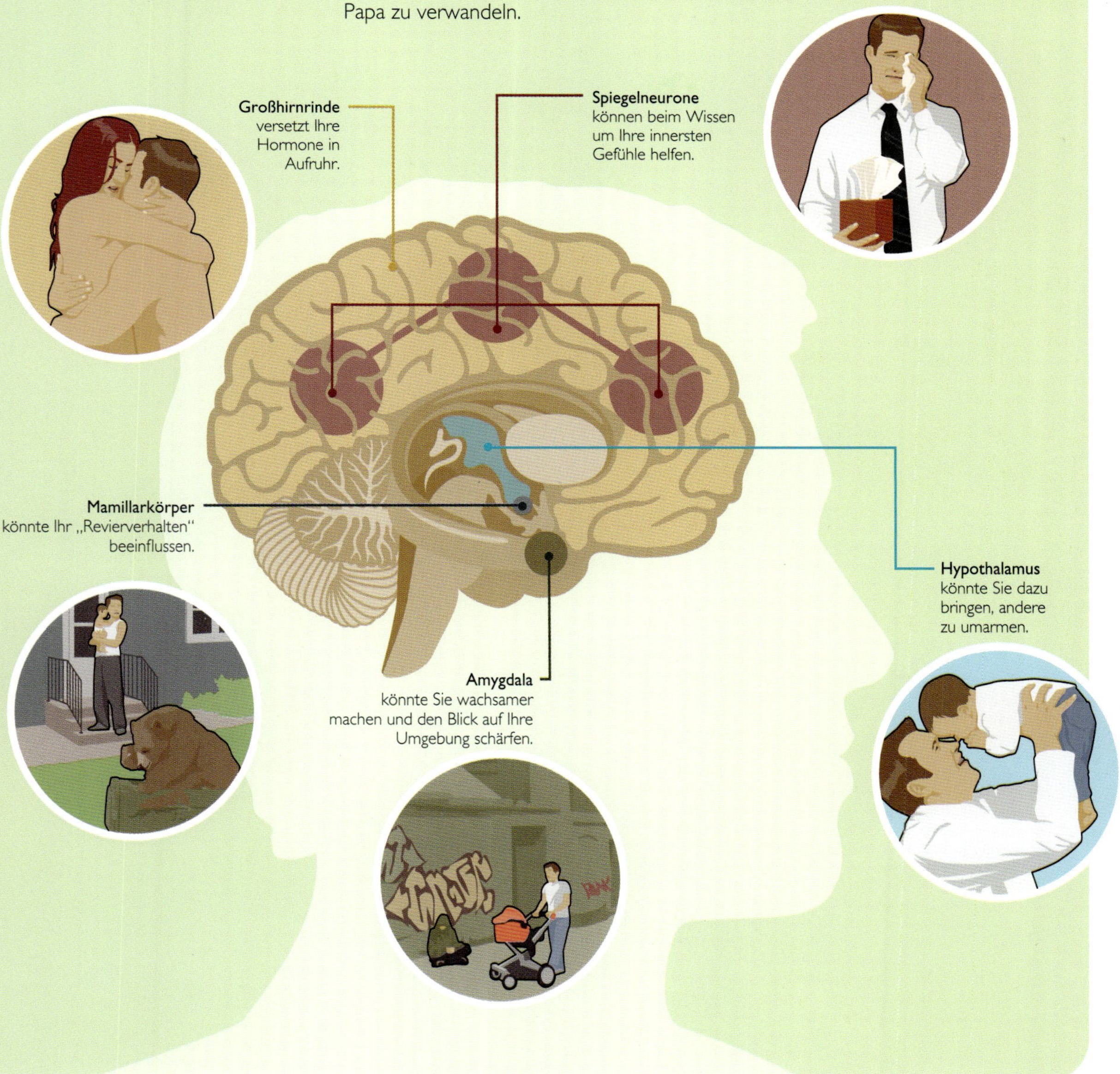

11 Ein Super-Papa sein

Schwere Gegenstände heben.

Katzenklo säubern.

Mehr im Haushalt helfen.

59 Besuche kurz und nett gestalten

Besuche einteilen und überwachen.

Sich um Notfälle kümmern.

Supersensibel sein.

Ihre körperlichen Veränderungen 12

Ihr Haar wird dicker werden.

Ihre Sehkraft kann sich verändern.

Ihre Sinne werden stärker.

Ihr Zahnfleisch kann empfindlicher werden.

Ihre Brüste sind unglaublich.

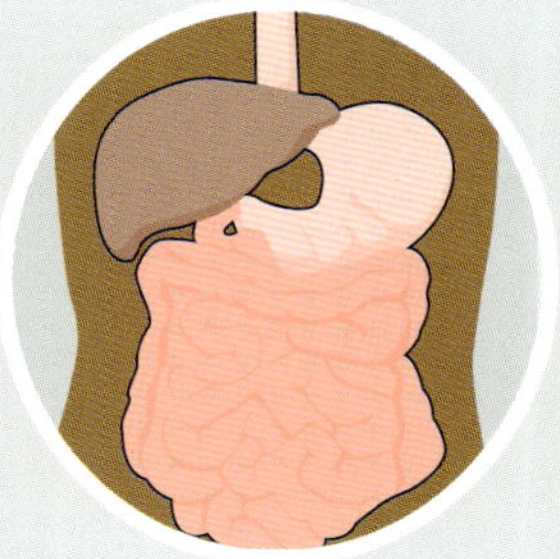

Sie kann öfter Sodbrennen bekommen.

Sie könnte mehr Lust haben.

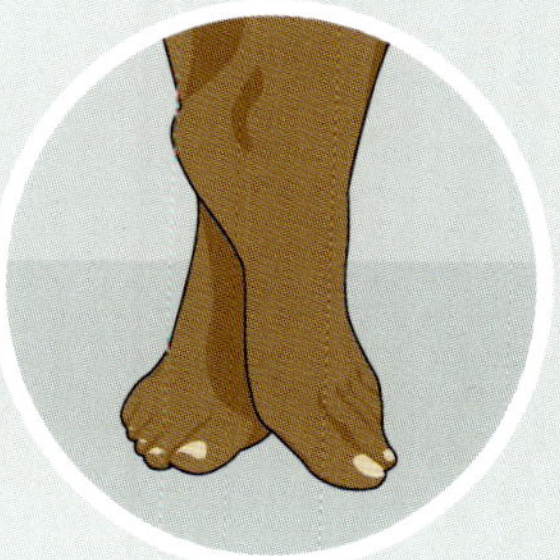

Ihre Füße können anschwellen.

13 Ultraschallbild verstehen

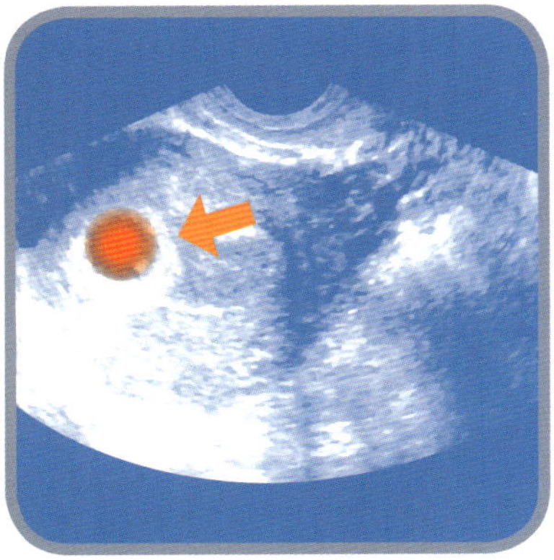

Den Fötus lokalisieren.

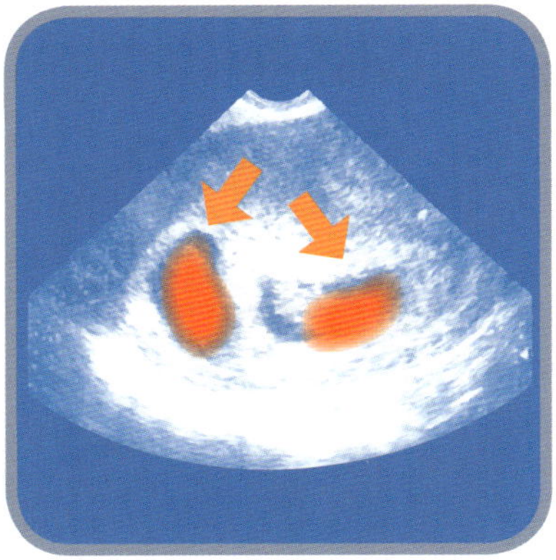

Herausfinden, ob es Zwillinge sind.

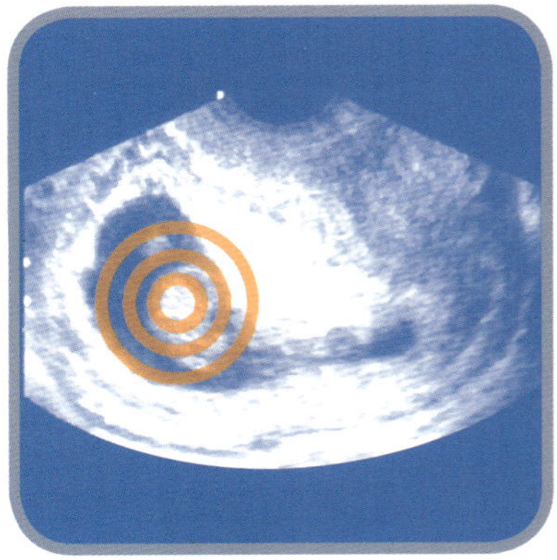

Den Herzschlag ausmachen.

14 Die Entwicklung des Babys

In neun Monaten wächst das Baby von der Größe eines kleinen Korns auf die eines Footballs. Dabei entwickelt es die lebensnotwendigen Organe und all die winzigen Details wie Zehennägel und Zahnknospen.

3. – 4. Woche

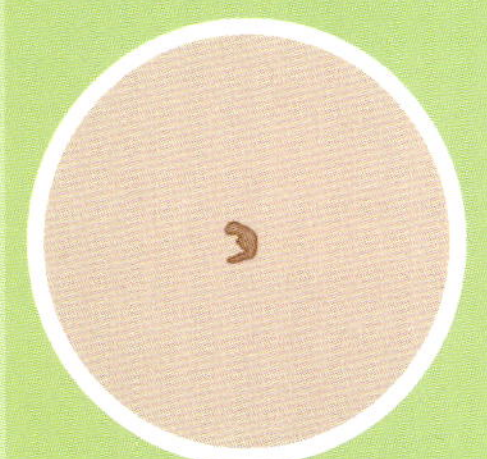

Die Organe beginnen sich zu entwickeln.

Samenkorn
0,2 cm
0,3 g

7. Woche

Hände und Füße entstehen.

Düse
1,5 cm
1 g

11. Woche

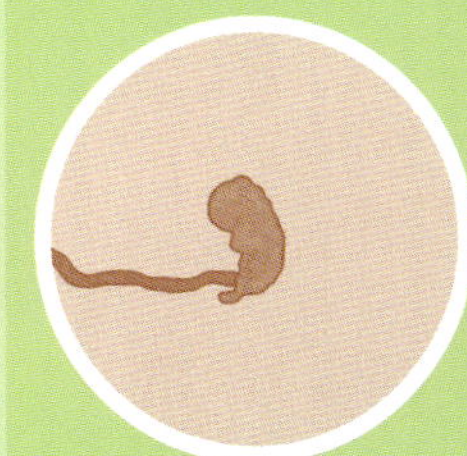

Die Organe arbeiten; Zahnknospen bilden sich.

Golfball
4,1 cm
8,5 g

13. Woche

Fingerabdrücke entstehen.

kleiner Hamburger
7,6 cm
23 g

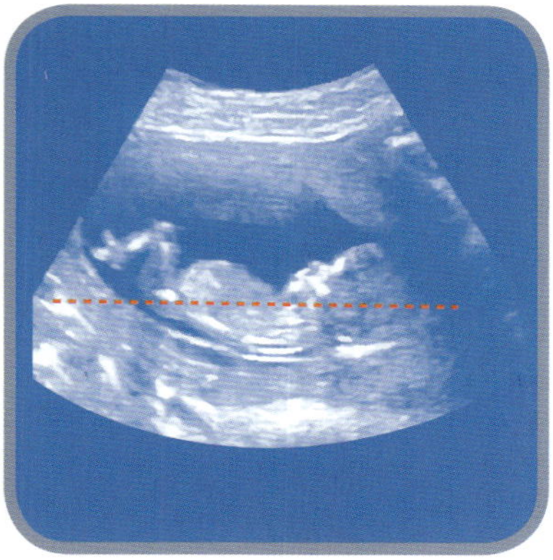

Größe messen, um Alter des Fötus zu bestimmen.

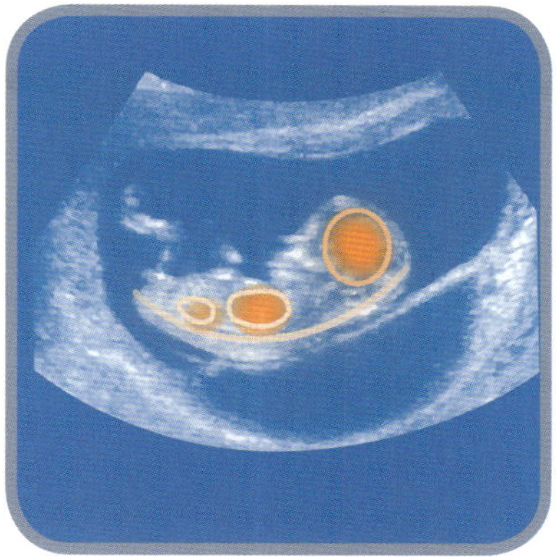

Organentwicklung überwachen.

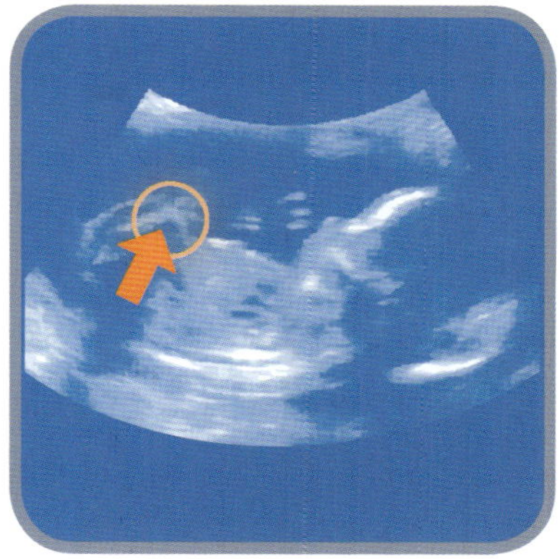

Geschlecht ausmachen.

15. Woche

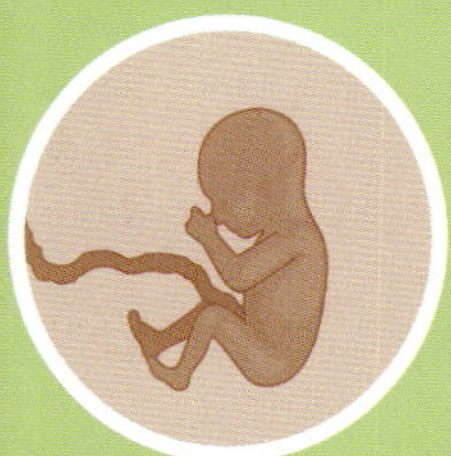

Lutscht am Daumen;
Geschmacksknospen bilden sich.

Zimtbrötchen
10,2 cm
76,5 g

17. Woche

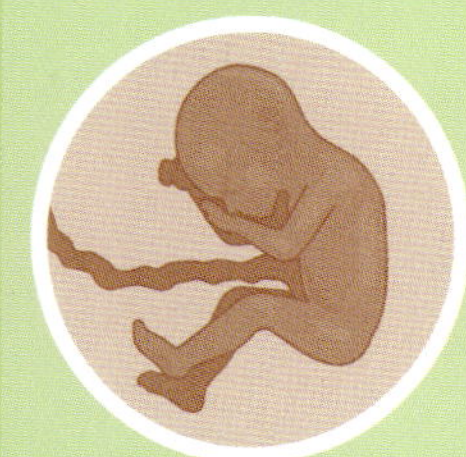

Zeigt Gesichtsausdrücke;
Nägel entstehen.

Action-Figur
13 cm
139 g

19. Woche

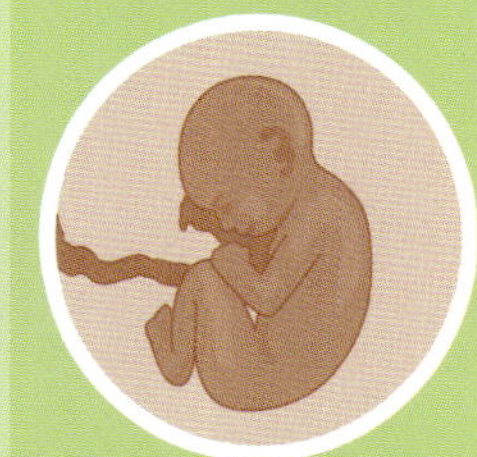

Die Sinne entwickeln sich;
Haare wachsen.

Bierdose
15,2 cm
241 g

22. Woche

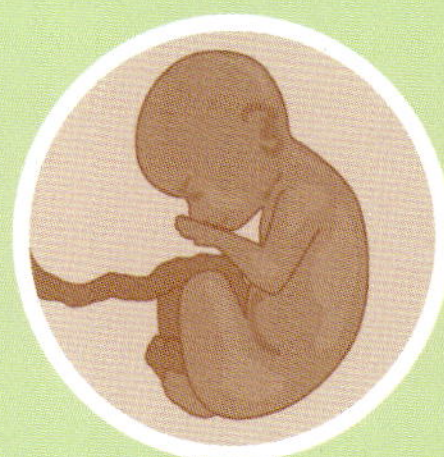

Reagiert auf Impulse von
außen; Augenlider bilden sich.

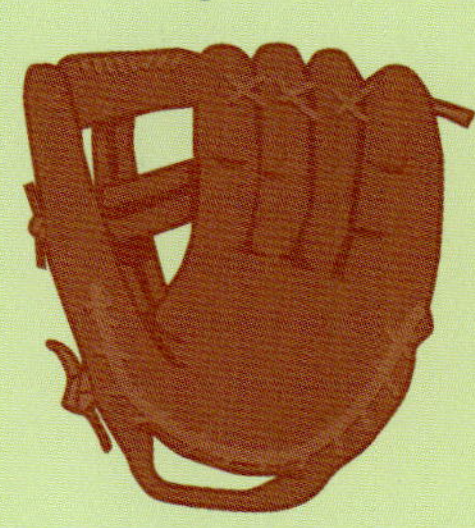

Baseball-Handschuh
27,9 cm
431 g

36. Woche

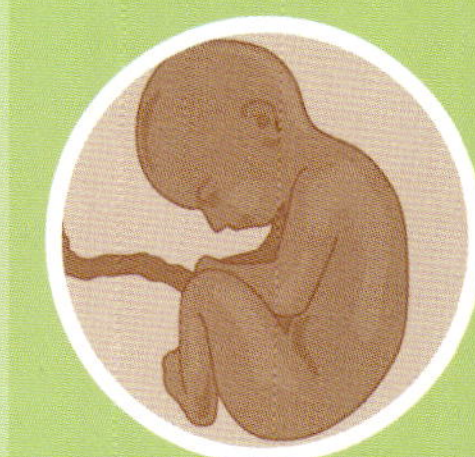

Fettschicht entwickelt sich;
Lungen sind bereit für Luft.

Football
47,5 cm
26 kg

15 Der 40-Wochen-Plan

Vierzig Wochen scheinen eine lange Zeit zu sein, aber sie vergehen wie im Flug. Bedenken Sie vorher so viel wie möglich, so können Sie sich später mehr auf das Baby konzentrieren.

1.–4. Woche	5.–8. Woche	9.–12. Woche	13.–16. Woche	17.–20. Woche
Sex haben.	Einen Schwangerschaftstest machen.	Sich über pränatale Tests informieren, einplanen.	Familie und Freunde einweihen.	Testament aktualisieren; Lebensversicherung zulegen.
Mehr Sex haben.	Geburtstermin festlegen.	Engen Vertrauten die Neuigkeit erzählen.	Ihre neuen Kurven bewundern.	Geburtsvorbereitungskurs besuchen.
Noch mehr Sex haben.	Einen Termin mit dem Arzt vereinbaren.	Bücher über Schwangerschaft und Babys holen.	Eine Liste der Lieblingsnamen erstellen.	Dem Baby die Lieblingsmusik vorstellen.
Zusätzlichen Sex haben.	Gynäkologen und/oder Hebamme auswählen.	Heben für die Mutter erledigen.	Andere Väter in spe treffen.	Teure Anschaffungen wie Kinderwagen sondieren.

21.–24. Woche	25.–28. Woche	29.–32. Woche	33.–36. Woche	37.–40. Woche
Geburt im Krankenhaus voranmelden.	Einen Kinderarzt wählen.	Krankenhaus besichtigen.	Arbeitskollegen auf Abwesenheit vorbereiten.	Schnellsten Weg ins Krankenhaus lernen.
Geburtsbegleiter engagieren.	Das Kinderzimmer vorbereiten und dekorieren.	Wichtige Nummern im Handy einspeichern.	Helfen, die Krankenhaustasche zu packen.	Schlaf aufholen.
Erste-Hilfe-Kurs mit Schwerpunkt Kinder besuchen.	Sich über Babypflege informieren.	Über einen Geburtsplan sprechen.	Einen Kindersitz für das Auto kaufen und montieren.	Alles Notwendige besorgen und griffbereit halten.
Eine Entscheidung bezüglich Beschneidung treffen.	Sich über Kinderbetreuungsmöglichkeiten informieren.	Mit Freunden und Familie feiern.	Haustierpflege planen.	Sich für den entscheidenden Moment wappnen.

16 Mit dem Einkauf punkten

Sammeln Sie Bonuspunkte für eine gute Auswahl. Beachten Sie, welche Lebensmittel die werdende Mutter vermeiden muss. Zeigen Sie Solidarität, indem Sie darauf achten, was Sie nach Hause bringen.

Helfen, Gelüste zu befriedigen 17

Achtung: Die Gelüste einer Schwangeren können unglaublich stark sein. Hier sind einige gesunde Alternativen, aber stellen Sie sich darauf ein, dass sie nicht immer willkommen sind.

salzige Knabbereien

Kräuter-Popcorn

Champagner

alkoholfreier Apfelwein

Eiscreme

gefrorener Joghurt

koffeinhaltige Limonade

aromatisiertes Mineralwasser

Schokolade

Schokoladensauce

rohes Sushi

Maki mit Gemüse oder gekochtem Fisch

Süßigkeiten

getrocknete Früchte

Brie

Frischkäse

18 Zeit zu zweit genießen

Nutzen und genießen Sie die kurze Zeit vor der Geburt, dem Baby zuliebe! Sie können dabei auf die folgenden Tipps zurückgreifen:

Gemeinsam Sport machen.

In ein schönes Restaurant gehen.

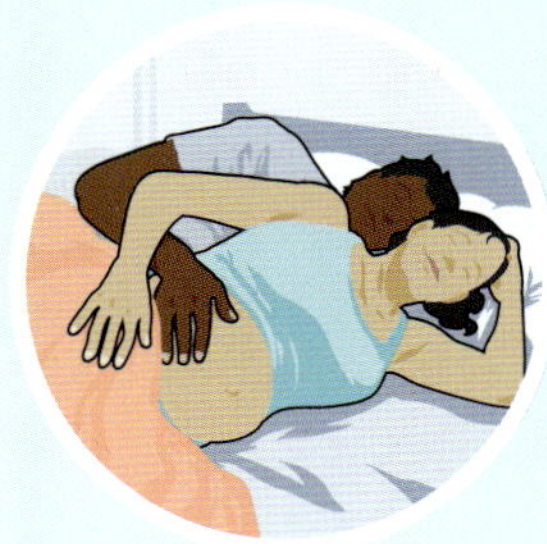

So richtig ausschlafen.

Sich einfach treiben lassen.

Das Lieblingsteam anfeuern.

Eine Wette riskieren.

Gewinne am Jahrmarkt abstauben.

Ins Kino gehen.

Lieber nicht tauchen.

Nicht auf Pferden reiten.

Achterbahnfahrten auslassen.

Am Streichelzoo vorbeigehen.

1 Eis hinzufügen.
Limonade
Limettensaft
Grenadine
2 Hineingießen.
3 Schütteln.
4 Anrichten und servieren.

20 Urlaub zu zweit

Vor der 36. Woche reisen.

Ihr den Gangsitz überlassen.

Tagsüber etwas gemeinsam unternehmen.

Zeit zu zweit genießen.

21 Ihr ein Bad einlassen

Warmes, nicht heißes Wasser verwenden.

Stimmungsvoll dekorieren.

Schaumbad hinzufügen.

Spannungen wegreiben.

22 Aphrodisiakum auswählen

Babybauch und Zweisamkeit? Besuchen Sie einen Supermarkt, dort finden Sie unzählige gesunde Lebensmittel, die das Feuer der Leidenschaft entfachen können.

23 Sex während der Schwangerschaft

24 Eine To-do-Liste schreiben

Nutzen Sie die Zeit vor dem Baby, um Dinge zu tun, die Sie immer schon machen wollten, aber auf die lange Bank geschoben haben. Also, los geht's: Sie haben nur noch bis zum Geburtstermin Zeit.

Einen Marathon laufen.

Mit den Jungs campen gehen.

(Noch) einen Abschluss machen.

Bei einem Fresswettbewerb mitmachen.

Auf Schwarz setzen.

So viel wie möglich schlafen.

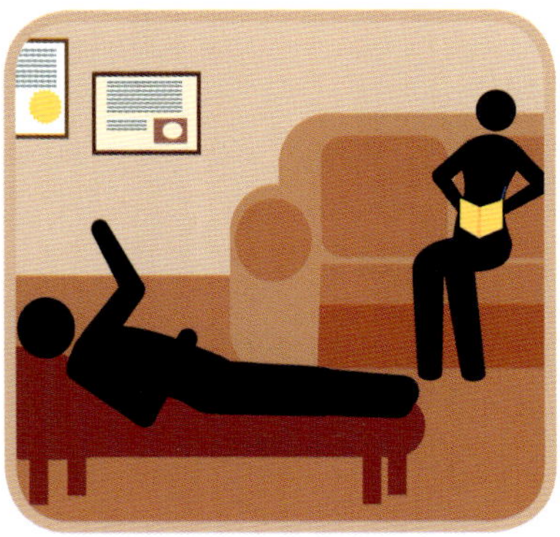

Mit einem Therapeuten sprechen.

Die Memoiren Ihres Lebens vor dem Baby schreiben.

Ein Solo-Album aufnehmen.

Stand-up-Comedy ausprobieren.

Eine verwegene Frisur stylen.

Einen Wasserbüffel in Trance versetzen.

An einem Rodeo-Wettbewerb teilnehmen.

Ein Kunstwerk entwerfen.

Surfen lernen.

Sich in fernöstlichem Kampfsport üben.

Einen Zaubertrick meistern.

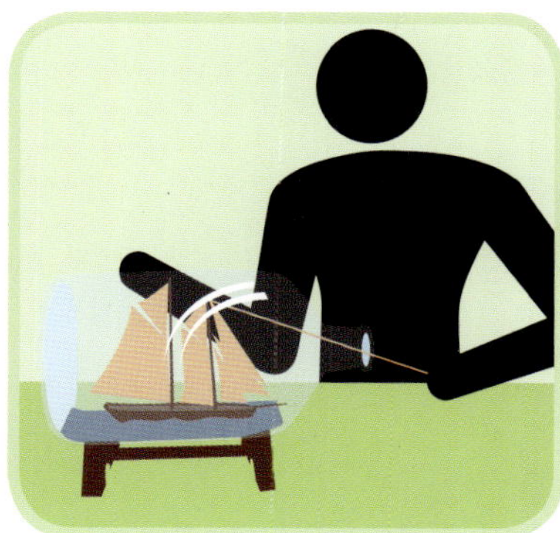
Ein Schiff in der Flasche bauen.

25 Wand mit Schablone verzieren

Oberfläche reinigen.

Farben anmischen.

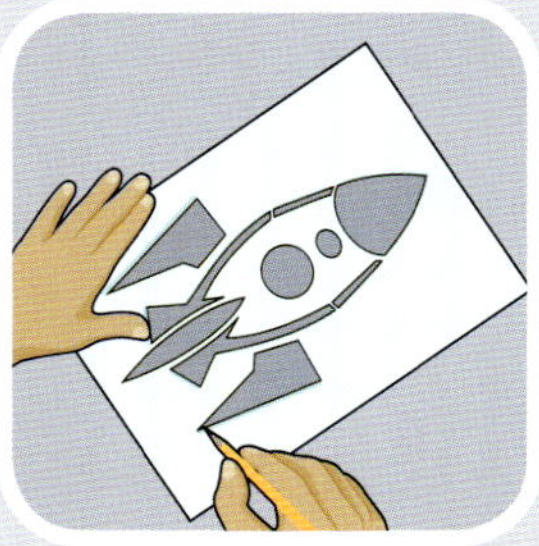

Schablone anbringen und nachziehen.

Hintergrund ausmalen; trocknen lassen.

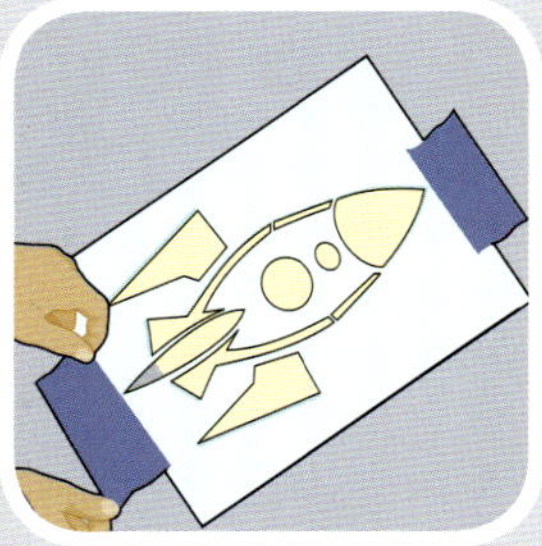

Schablone befestigen.

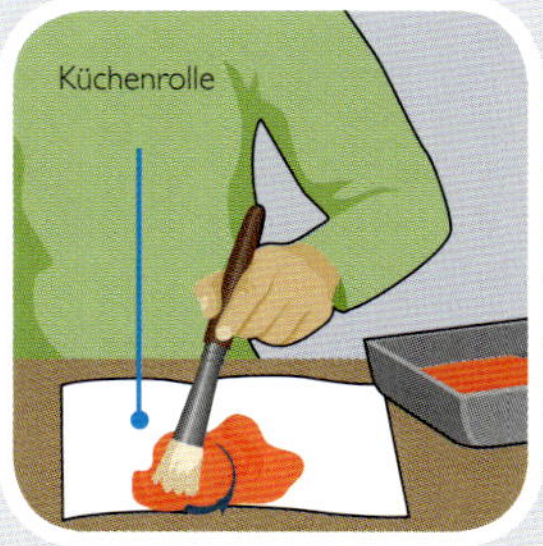

Überschüssige Farbe abtupfen.

Farbe auftragen.

Schablone entfernen; trocknen lassen.

Mit Cupcakes versüßen.

Mit einem Meeresmotiv aufpeppen.

Mit Dinosauriern dekorieren.

Eine königliche Krone aufmalen.

26 Das Kinderzimmer einrichten

* Das Mobile mindestens 0,5 m oberhalb der Reichweite des Babys montieren. Entfernen, sobald sich das Baby mit Knien und Händen hochstemmen kann.

27 Holzklötze selbst gemacht

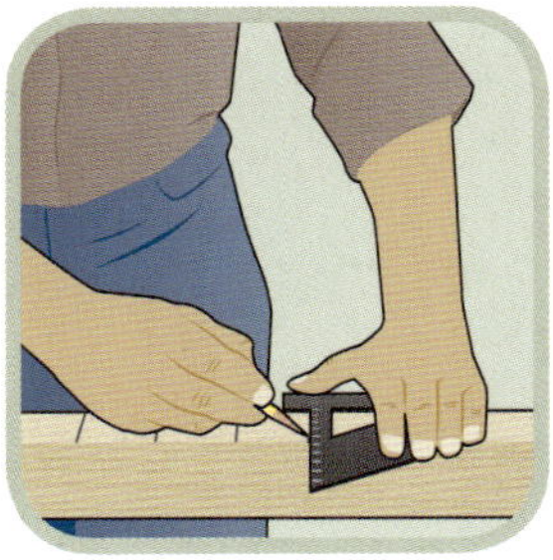

Hochwertiges Kiefernholz markieren.

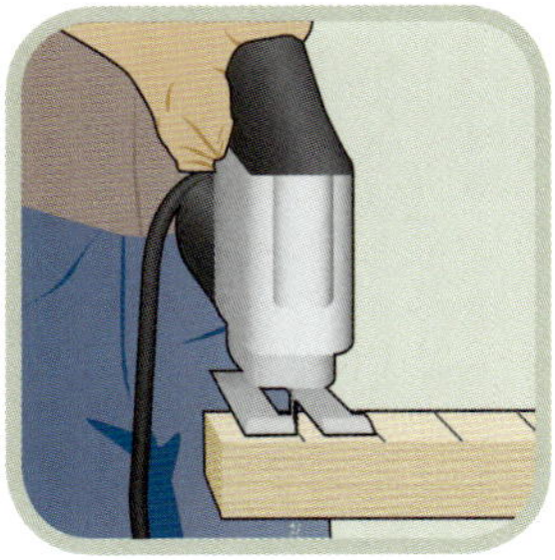

Entlang der Markierungen schneiden.

Den ganzen Klotz abschleifen.

133 Ninja-Hindernislauf bewältigen

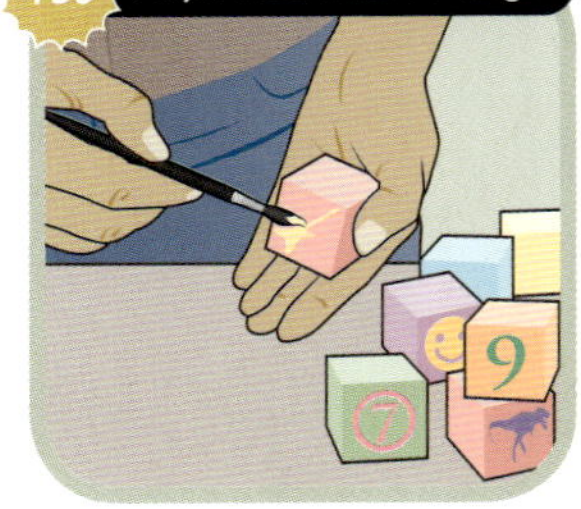

Ungiftige Farbe auftragen.

28 Mobile basteln

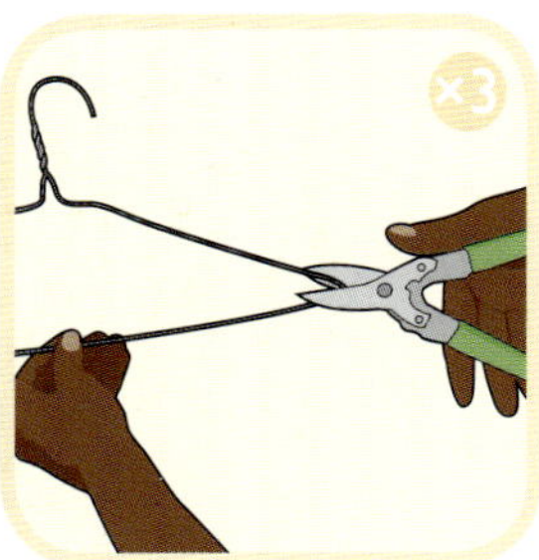

Den horizontalen Draht entfernen.

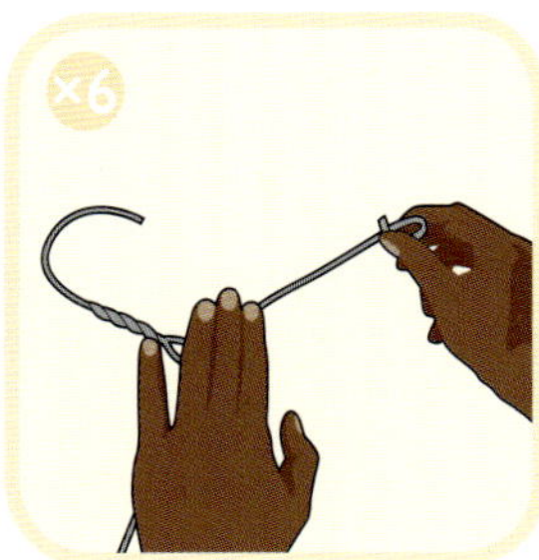

Enden nach oben biegen.

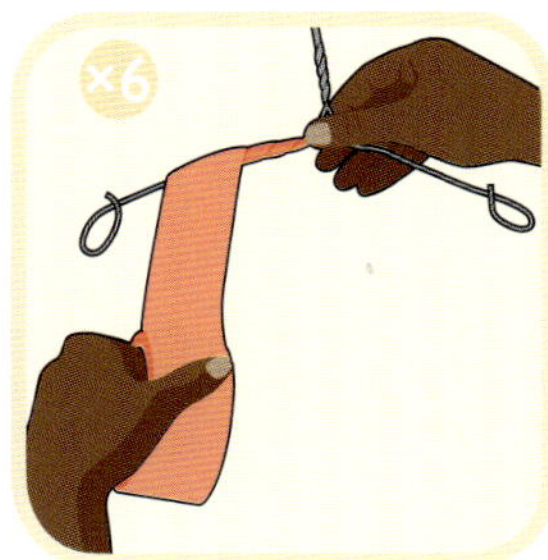

Draht umwickeln.

Hänger zusammenfügen; mit Klebeband fixieren.

Muster und Formen farbig gestalten.

Zeichnungen auf Karton aufkleben.

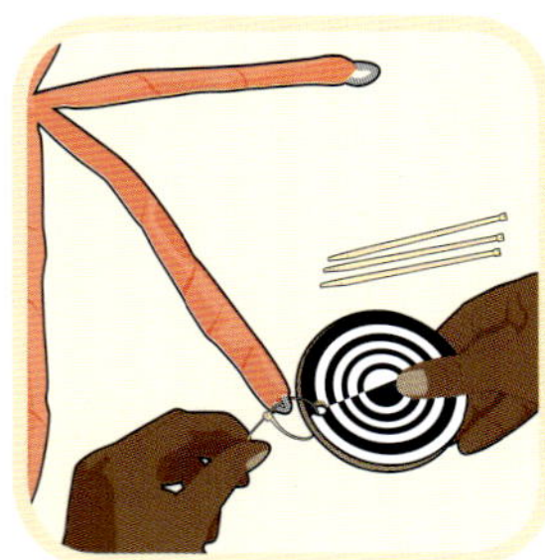

Mit Schnur anbinden.

Außerhalb der Reichweite aufhängen.

Licht ins Kinderzimmer bringen 29

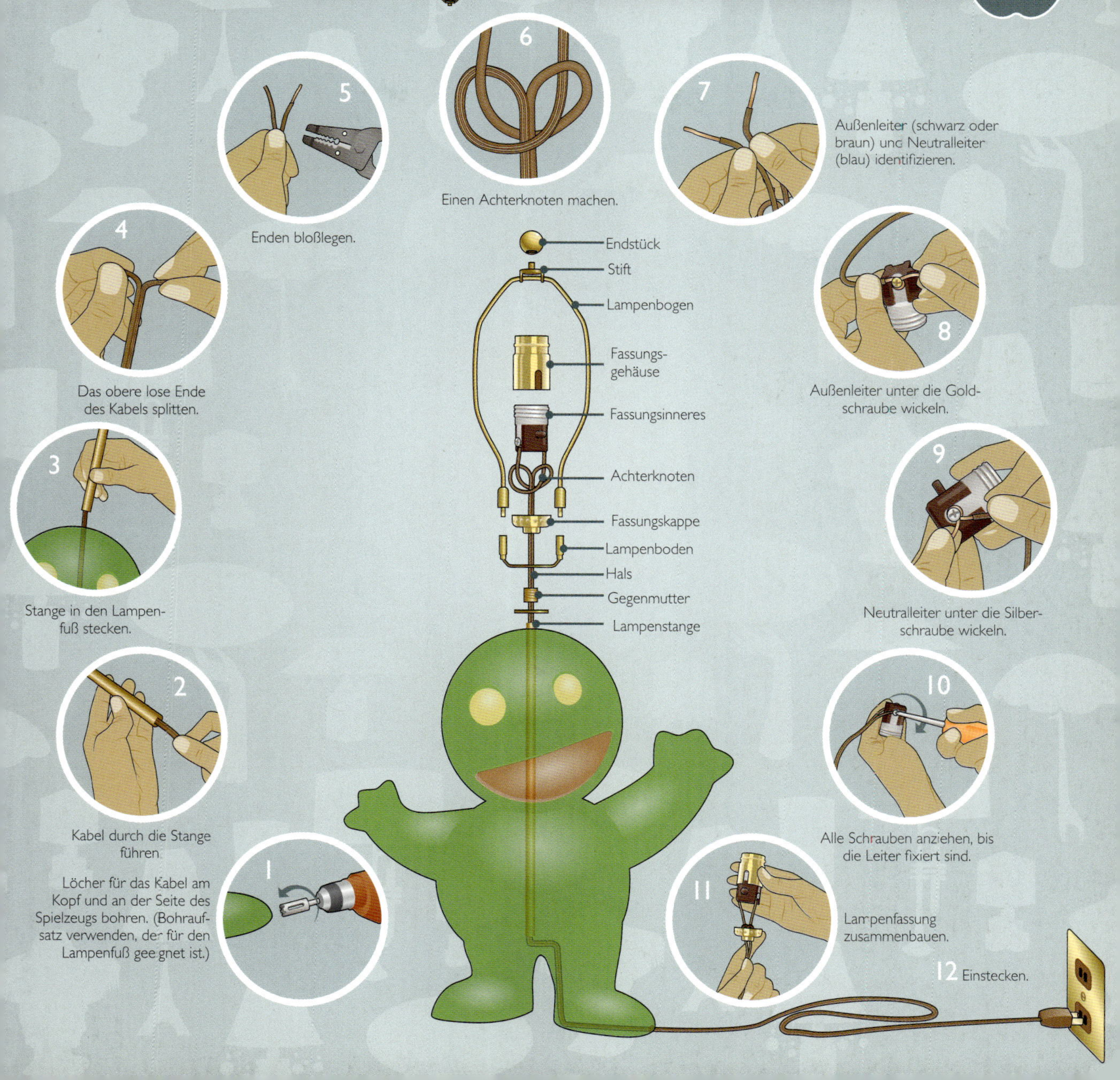

30 Ein kindersicheres Zuhause

Der Schlüssel dazu ist, die Welt aus Babys Augen zu sehen. Krabbeln Sie dafür auf allen vieren durch Ihr Zuhause und wiederholen Sie den Vorgang, wenn Ihr Baby größer und mobiler wird.

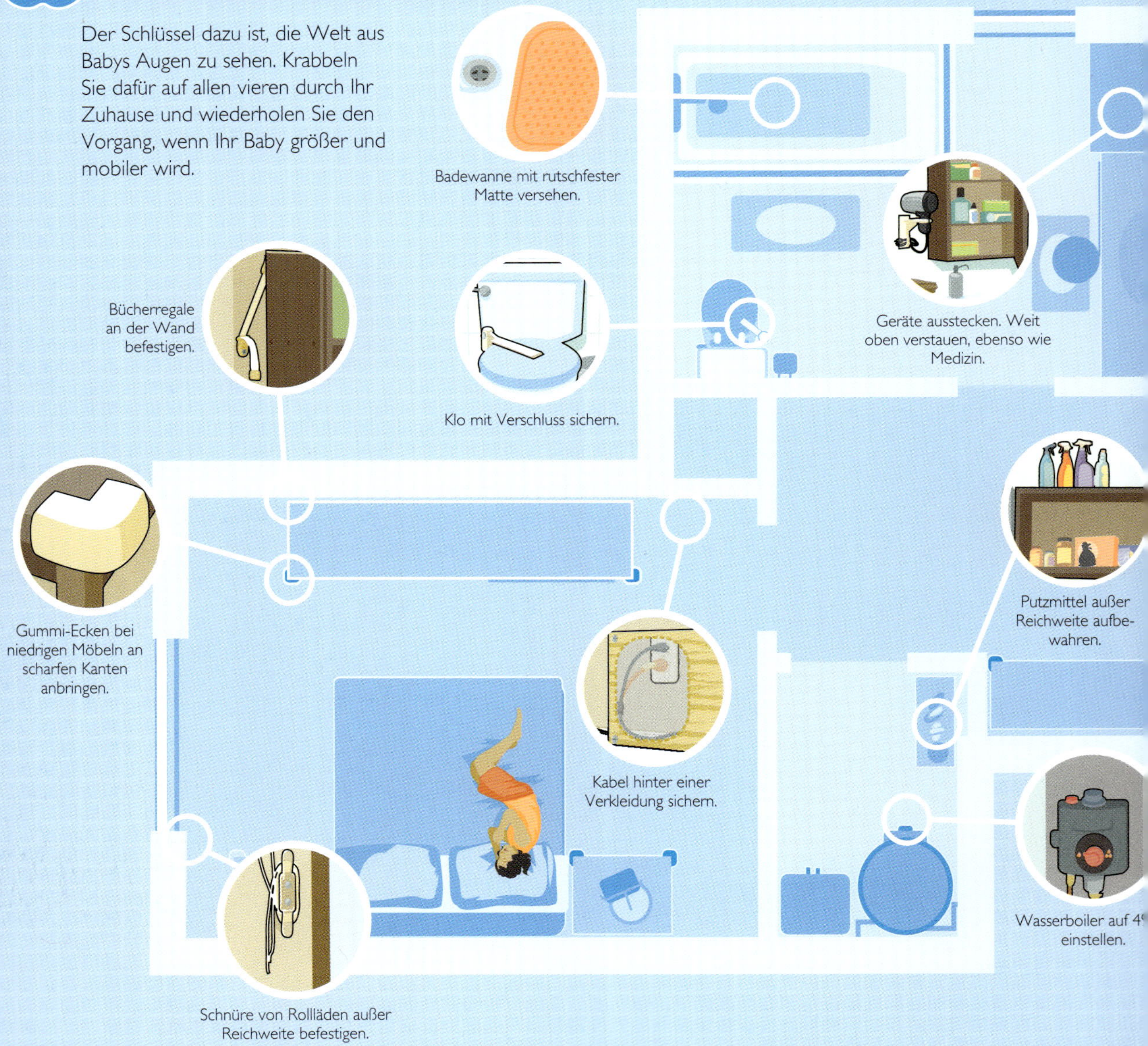

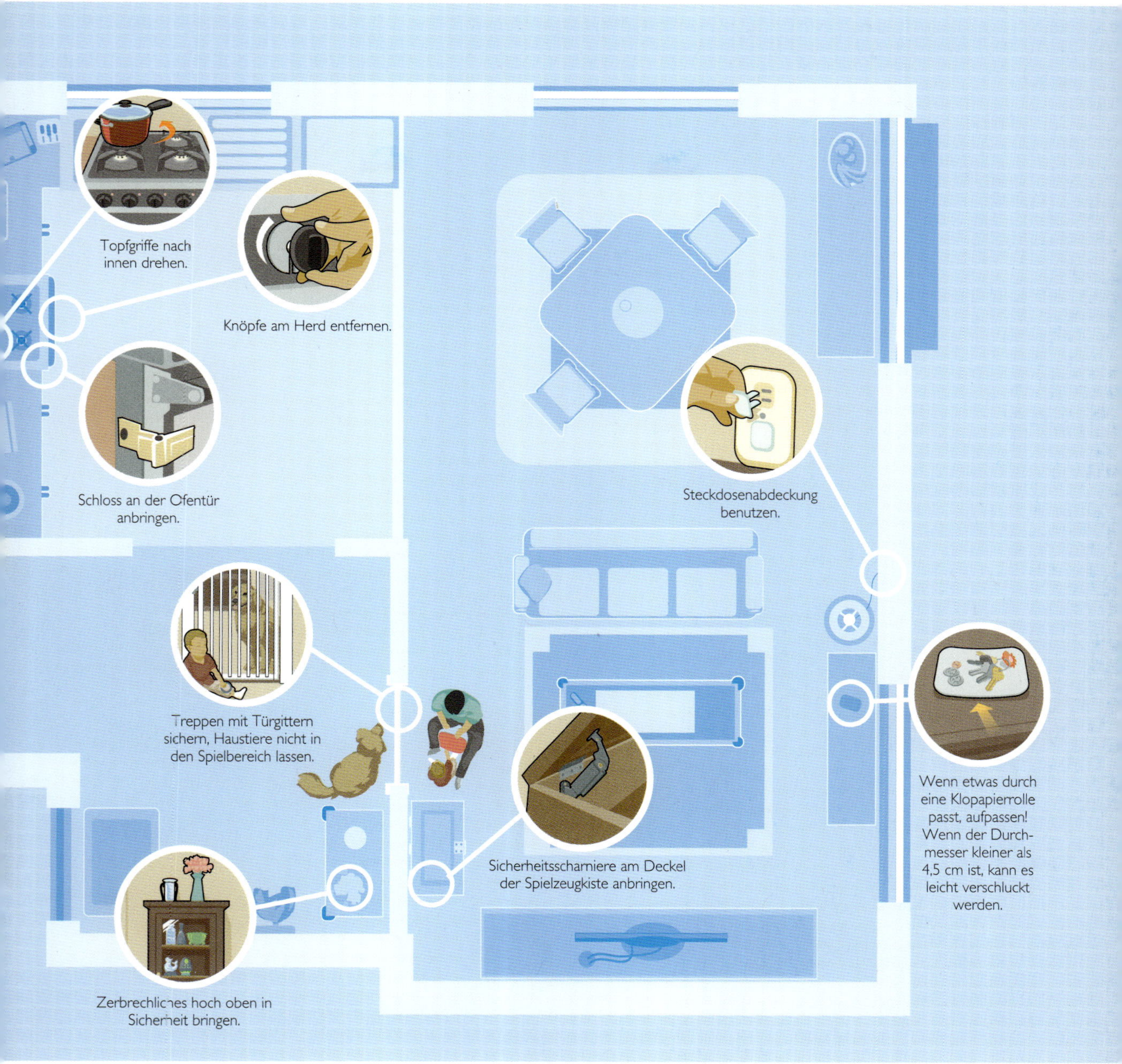

Topfgriffe nach innen drehen.
Knöpfe am Herd entfernen.
Schloss an der Ofentür anbringen.
Steckdosenabdeckung benutzen.
Treppen mit Türgittern sichern, Haustiere nicht in den Spielbereich lassen.
Sicherheitsscharniere am Deckel der Spielzeugkiste anbringen.
Wenn etwas durch eine Klopapierrolle passt, aufpassen! Wenn der Durchmesser kleiner als 4,5 cm ist, kann es leicht verschluckt werden.
Zerbrechliches hoch oben in Sicherheit bringen.

31 Die frohe Botschaft verkünden

Es auf einen Bierkrug schreiben.

Es in den Himmel schreiben.

Es mit Stolz tragen.

Es auf einem Steak einbrennen.

Es von den Dächern rufen.

Marketingmittel ausprobieren.

Dem Baby einen Kornkreis widmen.

Sich ein Tattoo stechen lassen.

Beginnen, für die Ausbildung zu sparen.

Einen Baby-Blog gestalten 32

Wenn die Schwangerschaft fortschreitet und Freizeit noch im Übermaß vorhanden ist, setzen Sie es sich zum Ziel, Familie und Freunde auf dem Laufenden zu halten. Ein Blog kann dabei sehr helfen.

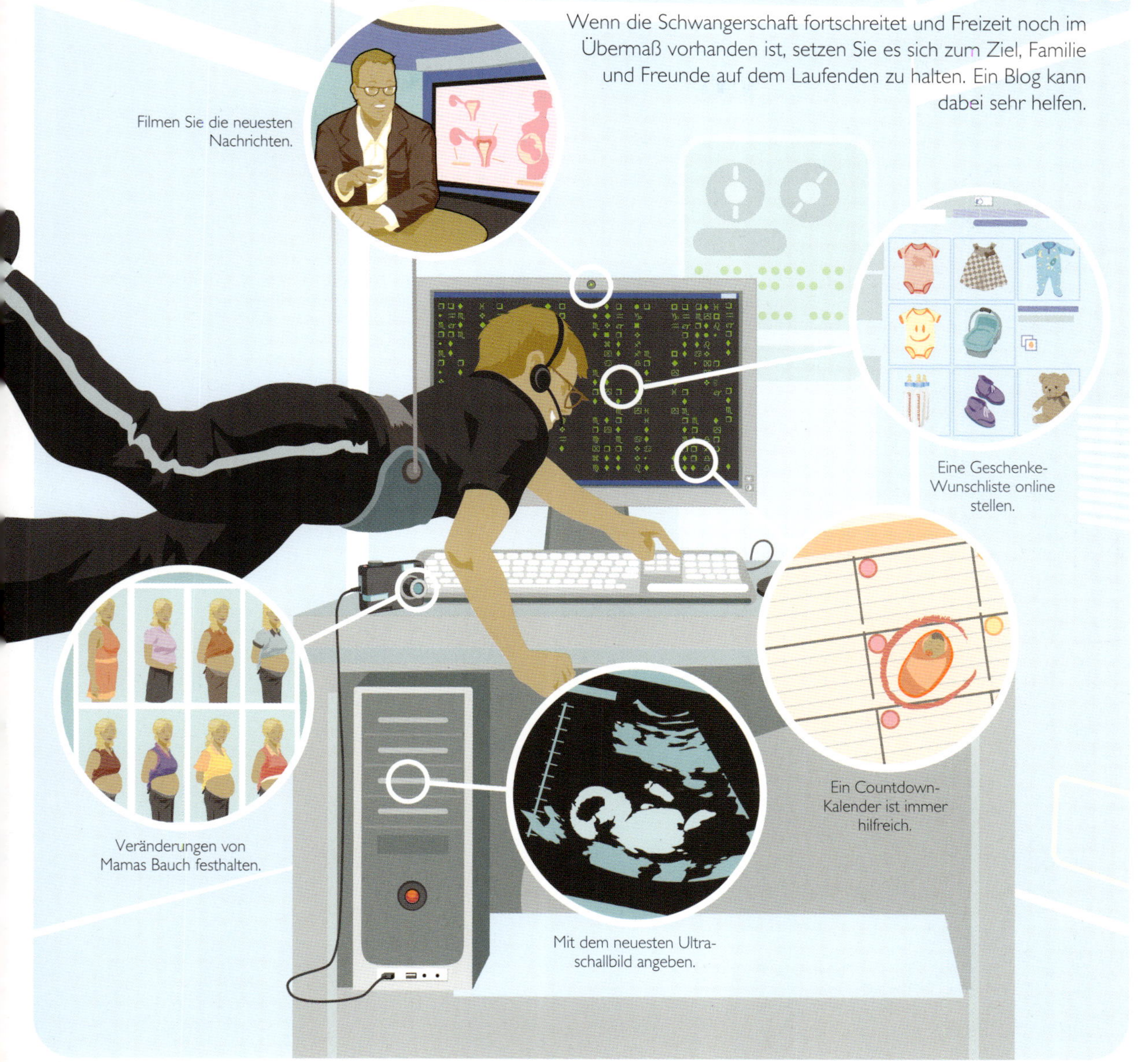

33 Passendes Transportmittel

0 – 12 Monate | 12 – 24 Monate | Sicherer Schlaf | reisefreundlich

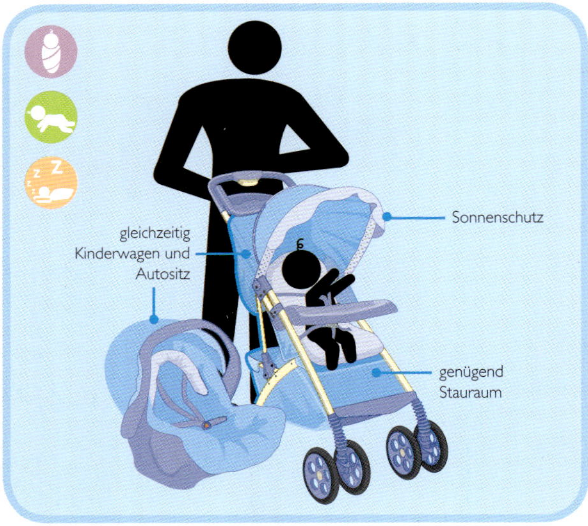

Kombi-Kinderwagen

Buggy

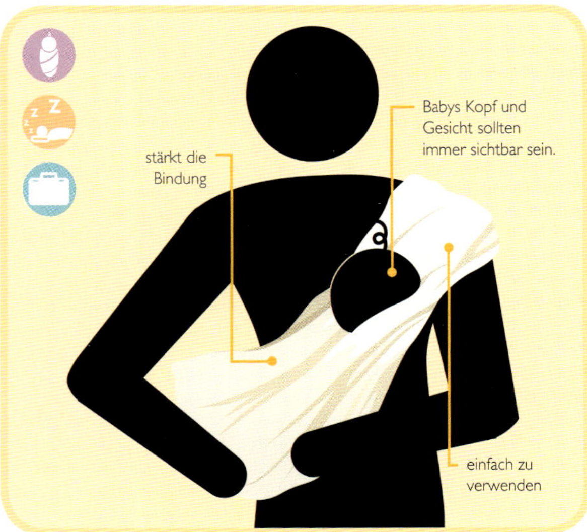

Babytragetuch

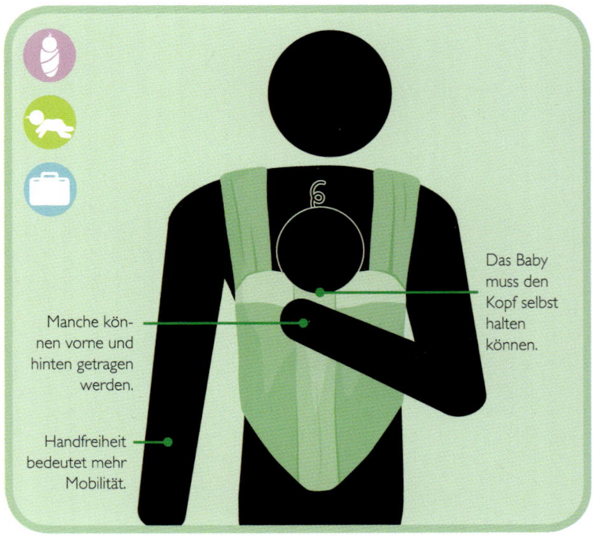

Babytragehilfe

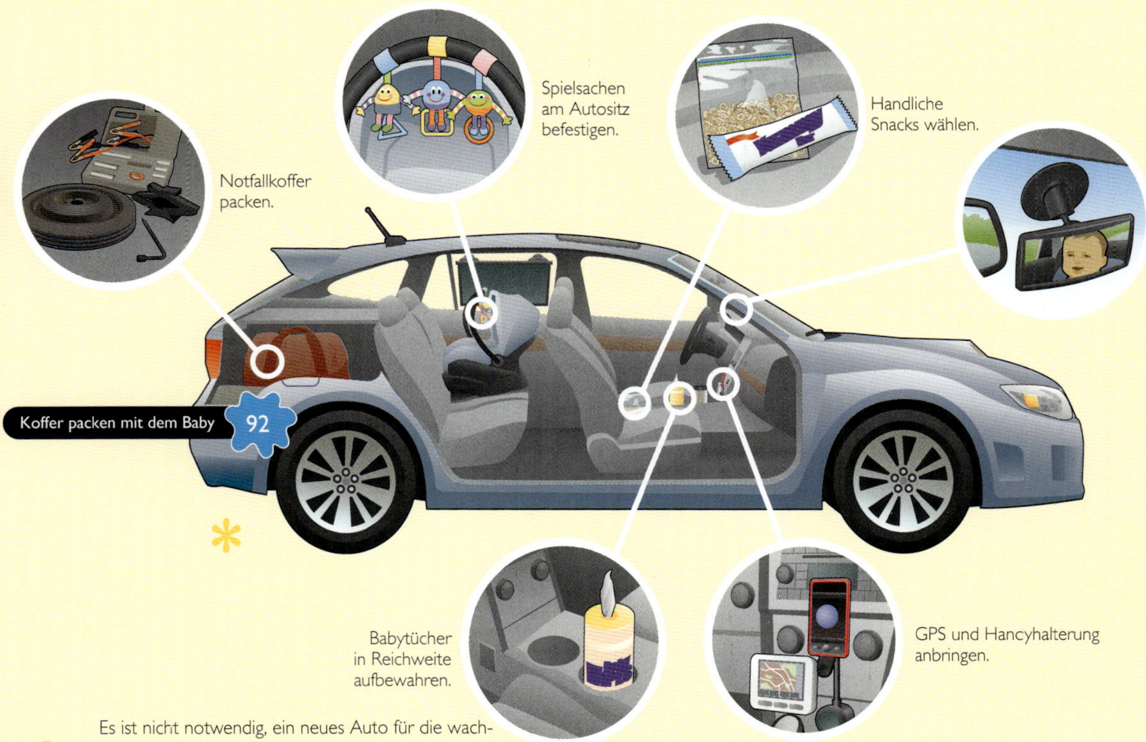

Koffer packen mit dem Baby 92

Es ist nicht notwendig, ein neues Auto für die wachsende Familie zu kaufen. Denken Sie vor allem an die Sicherheit und verwandeln Sie Ihren Wagen mit einfachen Mitteln in ein richtiges Baby-Mobil.

Minivan

- ✔ Platz für wachsende Familien.
- ✔ Schiebetüren für leichten Einstieg.
- ✔ Angeben kann man damit nicht.

Jeep

- ✔ Solider Schutz bei einem Zusammenprall.
- ✔ Nicht nur für sportliche Zwecke gut.
- ✔ Nach treibstoffsparenden Modellen fragen.

Mittelklasse-Auto

- ✔ Geringer Treibstoffverbrauch.
- ✔ Leicht einzuparken.
- ✔ Weniger Platz für Kinderutensilien.

35 Einen Namen auswählen

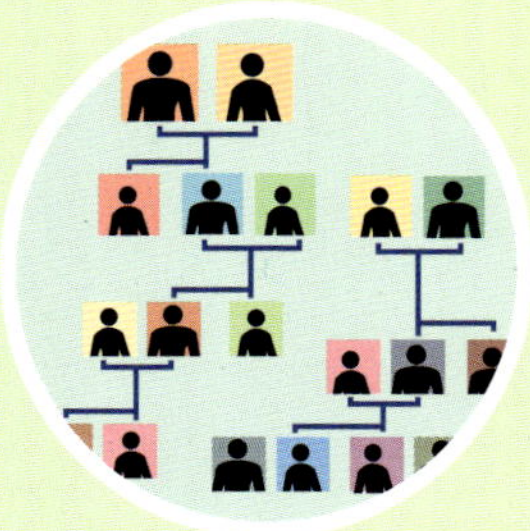

Sich den Stammbaum ansehen.

Die Bedeutung bedenken.

Über die Symbolik nachdenken.

Geschichte erforschen.

Egal wie Sie den Namen finden, probieren Sie ihn vorher aus. Wie passt er mit dem Nachnamen des Babys zusammen? Hört es sich gut an, wenn Sie ihn laut aussprechen?

36 Einen Kinderarzt finden

Freunde und Familie fragen.

Auswahl einschränken.

Versicherung überprüfen.

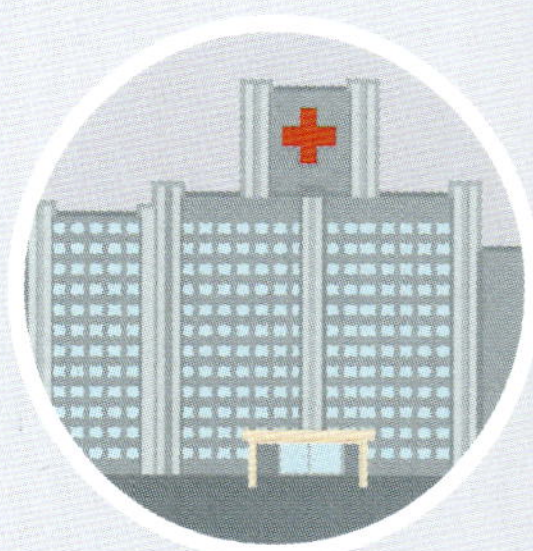

Zugehörige Krankenhäuser ermitteln.

Sich von der Natur inspirieren lassen.

Global denken.

Auf Popkultur verweisen.

Das Einzigartige wählen.

Autonamen sind tabu.

Inspiration durch Alkohol vermeiden.

Nicht nach dem Haustier benennen.

Namen von Expartnern streichen.

Öffnungszeiten notieren.

Wartezimmer überprüfen.

Verfügbarkeit außerhalb der Öffnungszeiten klären.

Den Arzt kennenlernen.

37 Mit dem Baby angeben

Ganz ehrlich, niemand will ein langweiliges Baby haben. Diese Kleidungsstücke können jedes Ensemble aufmotzen und machen Ihr Baby zum Star jeder Party.

Trikot

süße Sonnenbrille

fetziger Einteiler

Cargo-Hosen

132 Zeit mit dem Baby verbringen

bezauberndes Tütü

supercoole Schuhe

witzige Haube

verspielte Handschuhe

38 Ein Unikat zum Aufbügeln

Ein Bild auswählen.

Auf Aufbügel-Papier drucken.

Das Bild aufbügeln.

Mit der Eigenkreation angeben.

39 Vater-Kind-Bindung fördern

Studien zufolge erkennen Babys Stimmen und Musik, die sie vor der Geburt gehört haben. Entscheiden Sie sich für klassische Musik und heben Sie sich Death Metal für das Erwachsenenalter auf. Auch Berührungen sind gut für die Bindung. Sanfte Streicheleinheiten und Massagen sind ein Genuss für die ganze Familie.

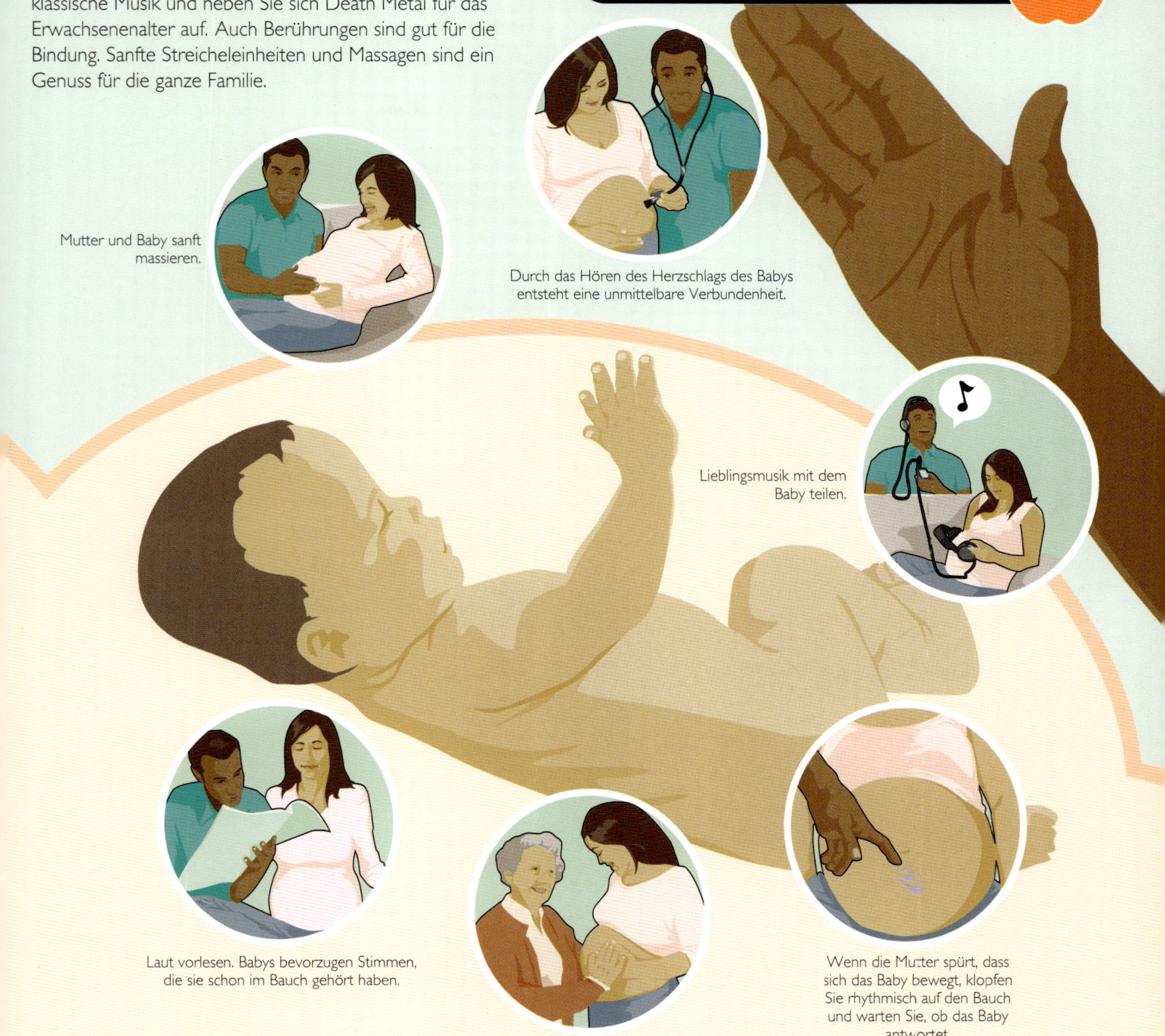

Mutter und Baby sanft massieren.

Durch das Hören des Herzschlags des Babys entsteht eine unmittelbare Verbundenheit.

Lieblingsmusik mit dem Baby teilen.

Laut vorlesen. Babys bevorzugen Stimmen, die sie schon im Bauch gehört haben.

Lassen Sie auch Angehörige mit dem Baby sprechen. Später werden die bekannten Stimmen beruhigend wirken.

Wenn die Mutter spürt, dass sich das Baby bewegt, klopfen Sie rhythmisch auf den Bauch und warten Sie, ob das Baby antwortet.

40 Merken, dass die Wehen kommen

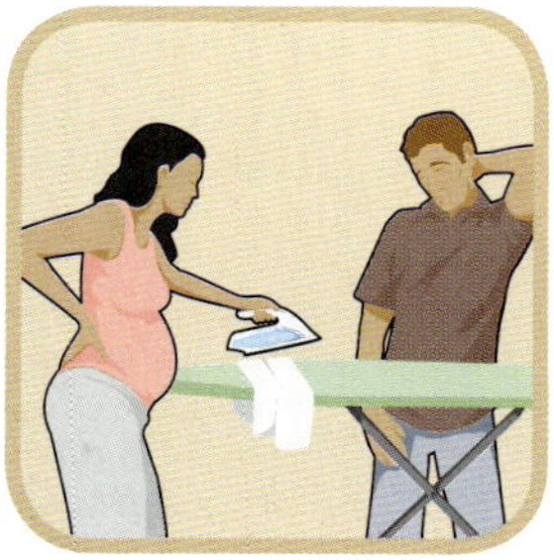

Sie wird häuslich.

Ihr Rücken könnte schmerzen.

Ihre Fruchtblase platzt.

Wehen erfolgen in regelmäßigen Abständen.

41 Kleidung für das Krankenhaus

Im Krankenhaus werden Sie PR-Assistent, Kontaktstelle für die Familie und Bote zugleich sein. Außerdem werden Sie Wartezeiten mit Mutter und Baby überbrücken. Diese beiden Outfits sind für jede Situation perfekt.

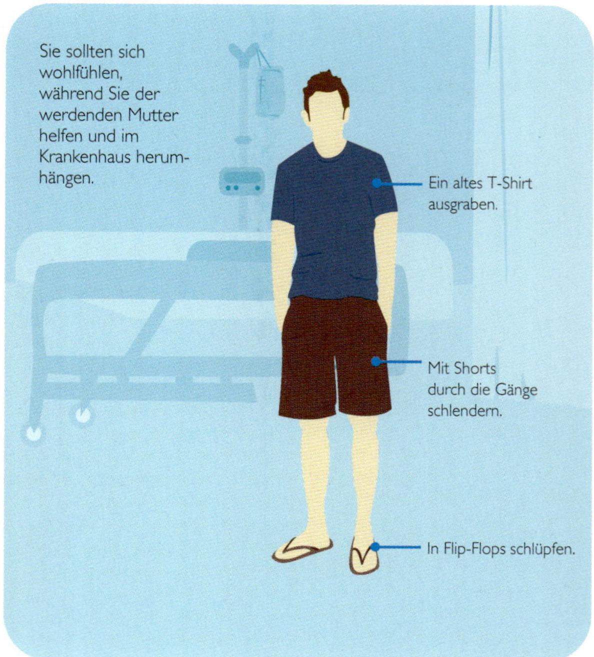

Krankenhaus-Tasche packen 42

Im Krankenhaus tut es gut, wenn man die gleichen Annehmlichkeiten wie zu Hause hat. Packen Sie eine kleine, handliche Tasche für die werdende Mutter und eine zusätzliche Tasche für größere Dinge (und für Ihre männlichen Bedürfnisse).

Werdender Vater

Werdende Mutter

43 Den Weg bei Wehen planen

Ihre Aufgabe: den schnellsten Weg zum Krankenhaus herauszufinden. Überlassen Sie nichts dem Zufall. Erforschen und beobachten Sie die Krankenhausumgebung rechtzeitig, das hilft Ihnen, Zeit zu sparen und Stress zu vermeiden.

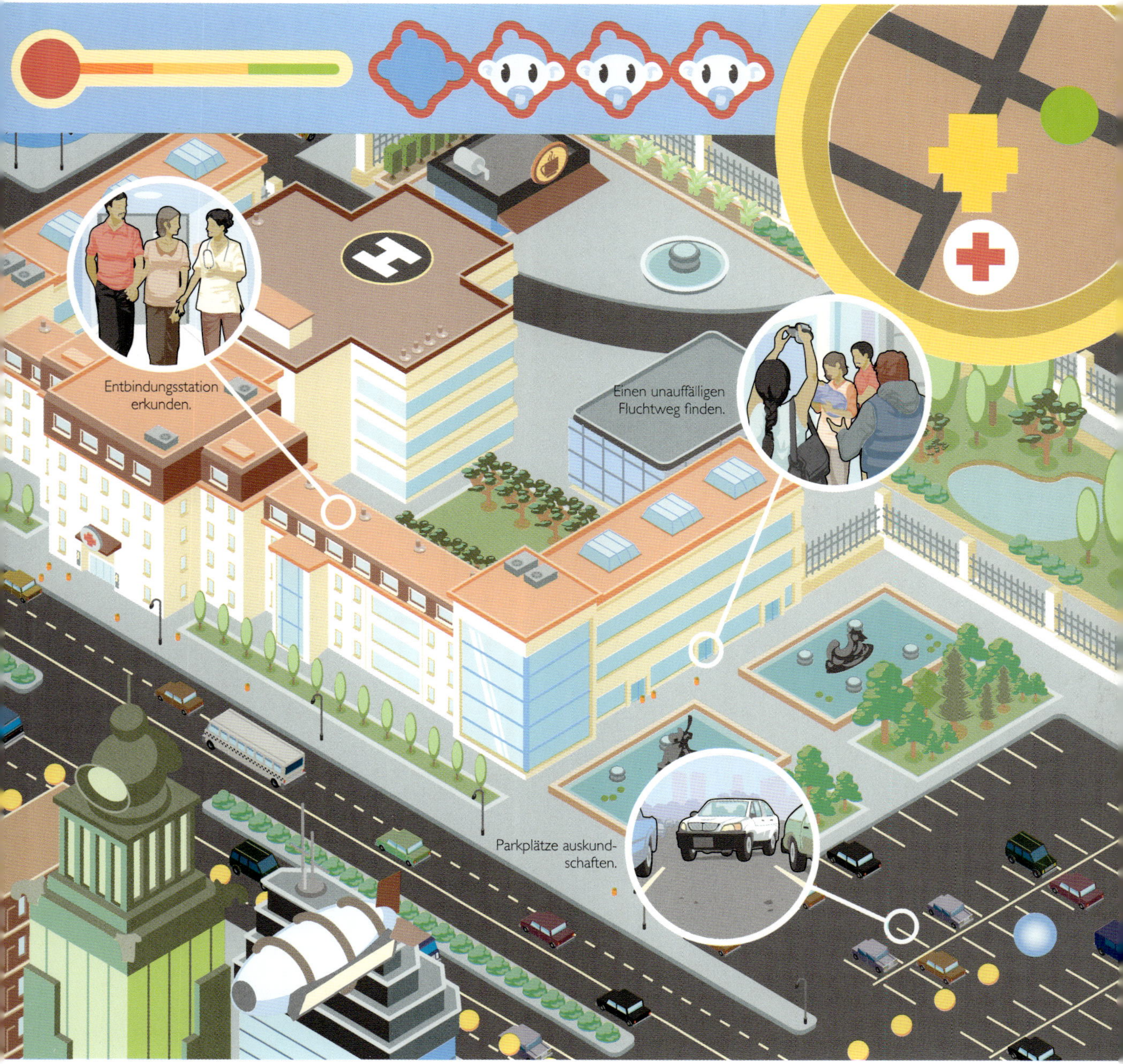
Entbindungsstation erkunden.
Einen unauffälligen Fluchtweg finden.
Parkplätze auskundschaften.

Stellen Sie sich vor, Sie müssten ohne Ausbildung ein Flugzeug fliegen: „Da ist das Cockpit. Bringen Sie uns nach Hamburg, viel Glück." Genau so fühlt es sich an, mit einem Neugeborenen nach Hause zu kommen. Eine Herausforderung folgt der nächsten, kaum hat man eine gelöst, taucht die nächste auf. Eine typische Szene: Das Baby stößt Essen auf. *Oje! Wie ist das passiert?* Bevor Sie es umziehen, wechseln Sie die Windeln. *Doch halt…ist es normal, wenn der Stuhl so eine Farbe hat?* Sie versuchen, seine Arme durch die Ärmel des Pyjamas zu bekommen, das Baby schreit laut und wird immer weinerlicher. *Mache ich etwas falsch?* Solche Situationen können zum Ming-Vasen-Syndrom führen, bei dem der Vater Angst hat, das Baby mit seinen Händen zu zerbrechen. Zum Glück ist Wissen ein Heilmittel, von dem Sie hier gleich die erste Dosis bekommen.

handeln

44 Während den Wehen unterstützen

Ihre Mission als Super-Papa hat gerade erst begonnen. Begegnen Sie Wehenschmerzen, Langeweile und Stress mit diesen hilfreichen und spielerischen Tätigkeiten.

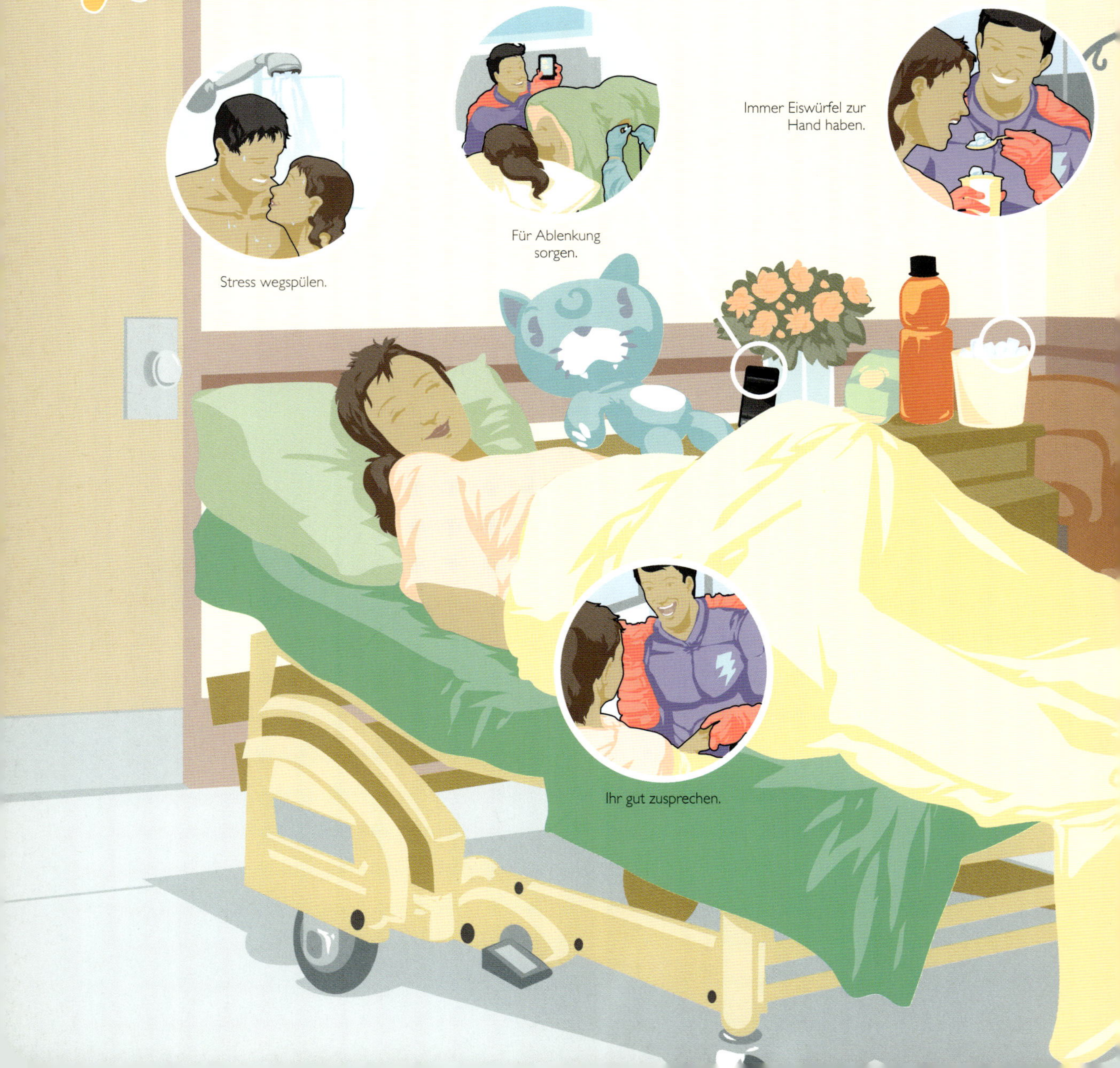

Familie und Freunde auf dem Laufenden halten.
Zeit mit Kartenspielen vertreiben.
Massieren, um Rückenschmerzen zu lindern.
Helfen, Schmerzen mit einem Geburtsball zu lindern.
Gemeinsam durch die Gänge schlendern.
Mit langsamem Tanz Beistand und Entspannung vermitteln.

45 Geburtsablauf

	Wehen	Muttermund	Tipps
Eröffnungsphase	 Intervalle von 15–20 Minuten; Dauer 30–45 Sekunden	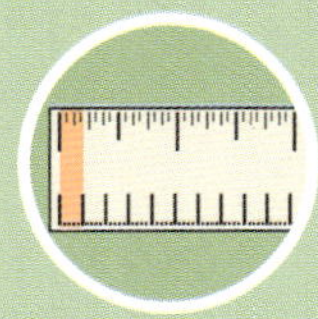 Öffnung setzt ein	Den Arzt alarmieren. Atemübungen ausführen. Mutter zum Gehen anregen.
Eröffnungsphase	 Intervalle von 5 Minuten; Dauer 30–45 Sekunden	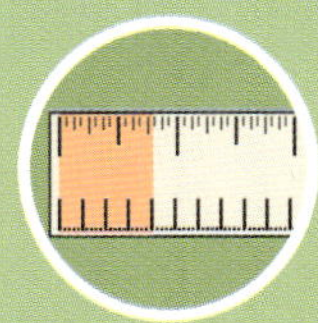 4 cm	Enge Freunde und Familie anrufen. Ins Krankenhaus fahren. Nicht in Panik ausbrechen.
Übergangsphase	 Intervalle von 3 Minuten; Dauer 60 Sekunden	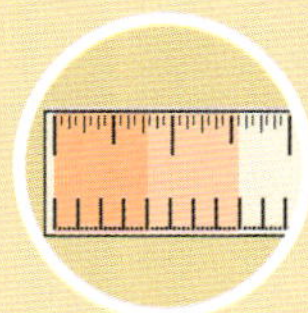 4–8 cm	Schmerzlindernde Methoden vorschlagen. Nicht überrascht sein, falls das Krankenhaus sie in der Frühphase nach Hause schickt.
Austreibungsphase	 Intervalle von 2–3 Minuten; Dauer 60–90 Sekunden	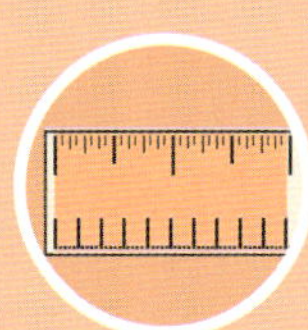 10 cm	Sehr viel Mitgefühl zeigen – sie hat nun die stärksten Schmerzen. Lernen Sie Ihr Baby kennen!

Natürliche Geburt

Kaiserschnitt

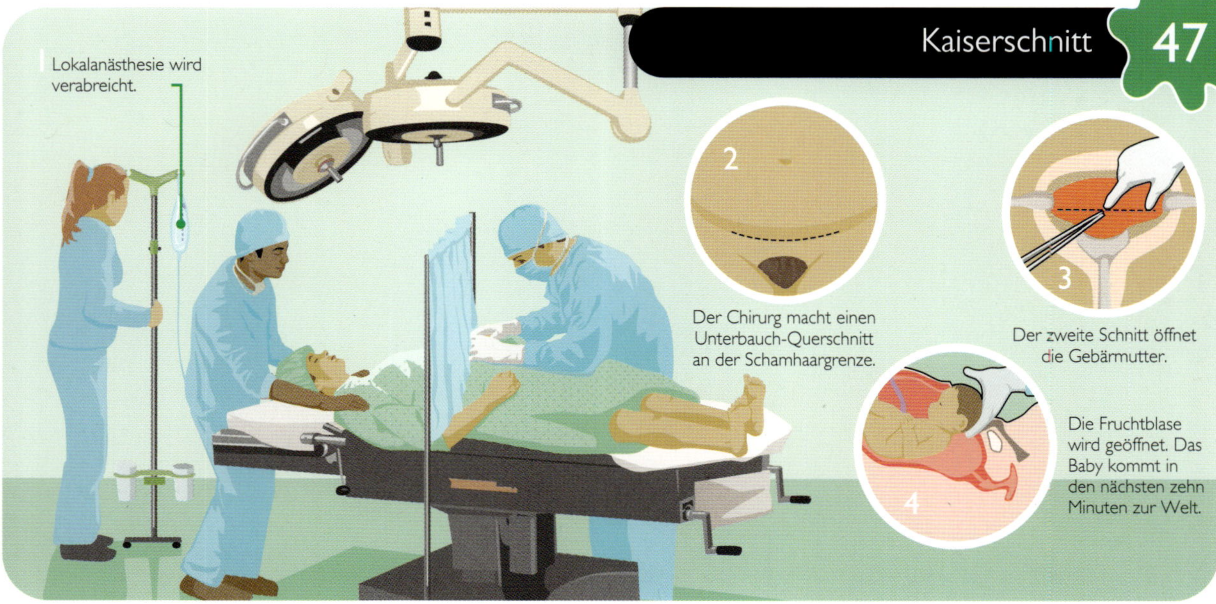

48 Baby in der U-Bahn bekommen

Die nächste größere Haltestelle ausmachen.

Schwerkraft nutzen.

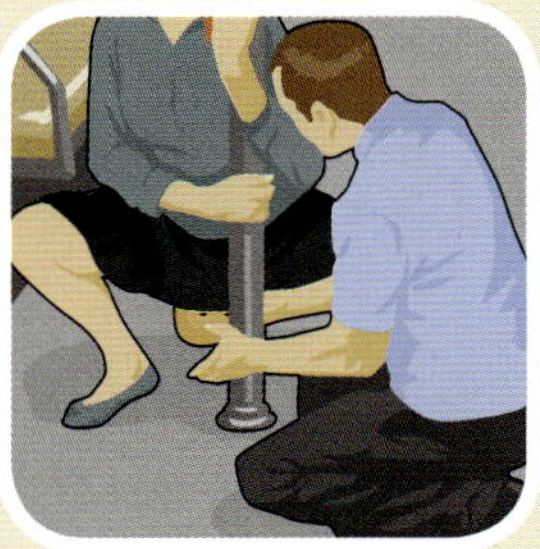

Baby sanft auffangen.

Gesicht des Babys abwischen.

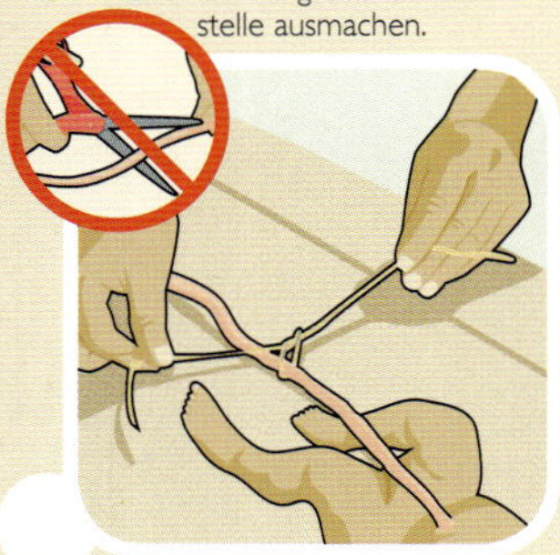

Nabelschnur durchtrennen.

Baby nah und warm halten.

Wenn möglich, die Brust geben.

U-Bahn-Station verlassen.

Geburt im Fahrstuhl 49

Beim Konzert zur Welt kommen 50

Geburt bei einer Spielshow 51

Geburt beim Weltuntergang 52

53 Was Flecken & Co. verraten

Seien Sie nicht beunruhigt, wenn Ihr Neugeborenes Flecken, Beulen oder Flaum aufweist.

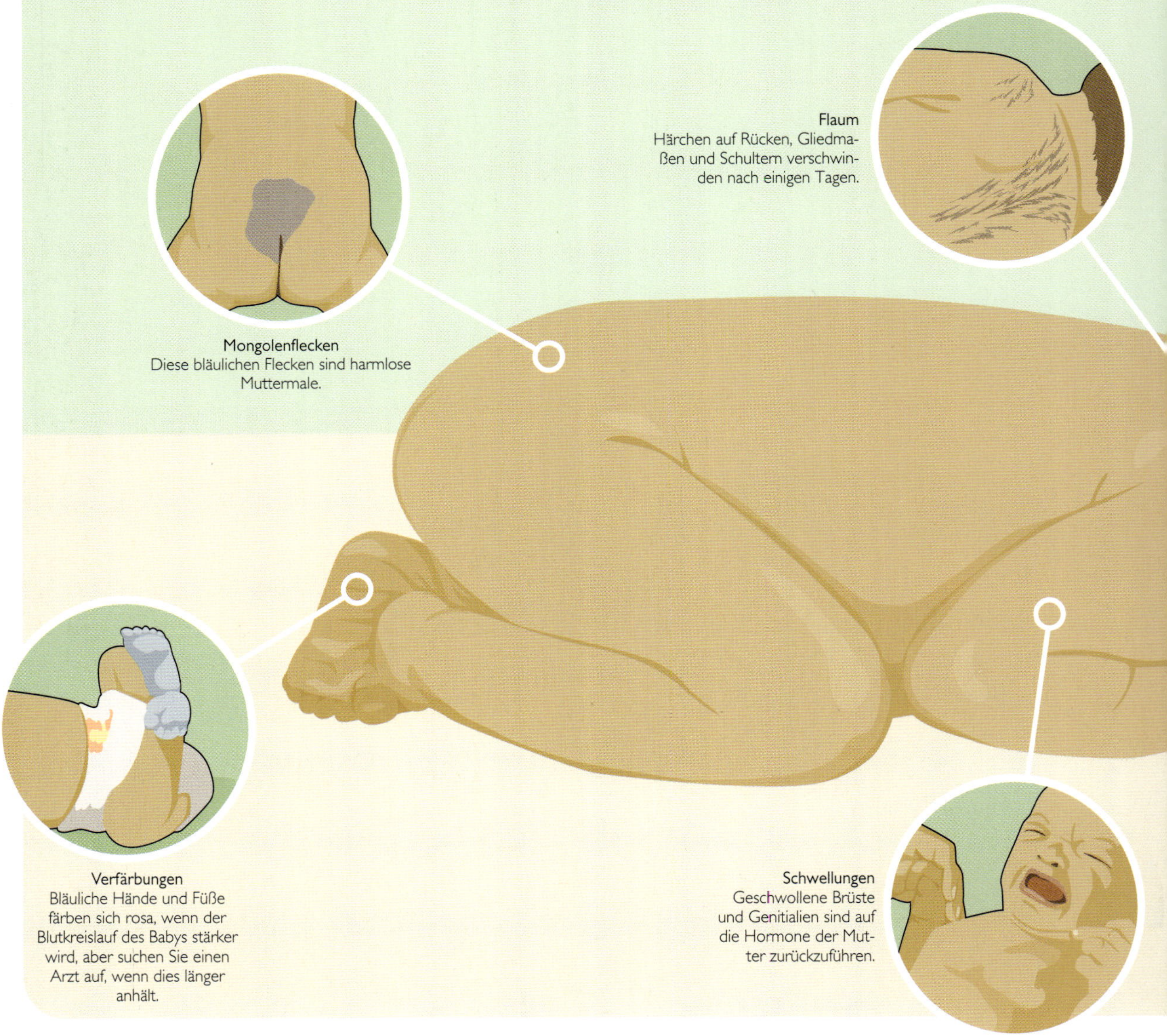

Die Tricks der Neugeborenen 54

Weinendes Baby beruhigen 103

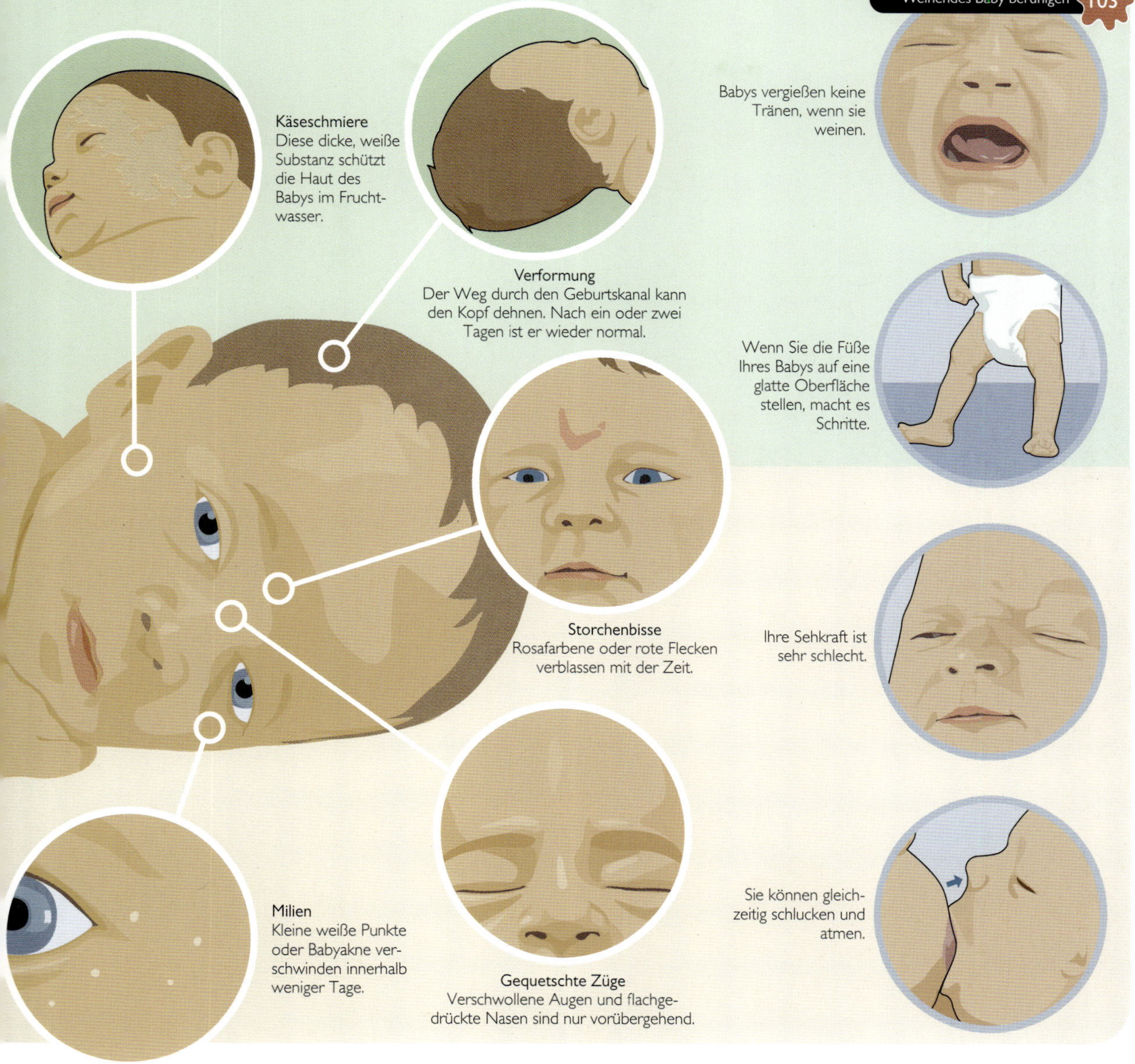

55 Es in den Himmel schreiben

56 Es in der Halbzeitpause sagen

57 Auf das Baby anstoßen

58 Die Nachbarschaft informieren

59 Besuche kurz und nett gestalten

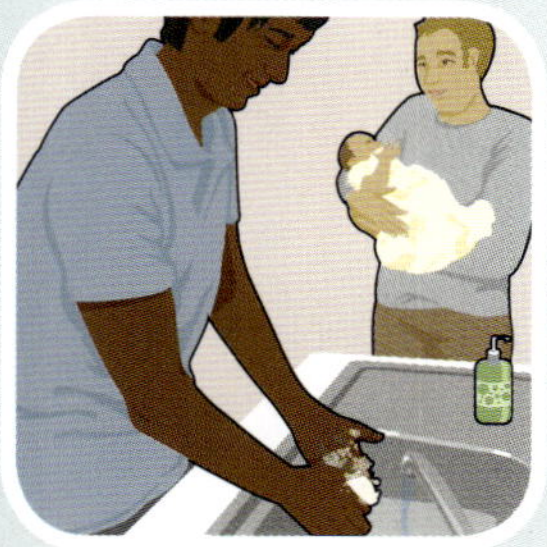

Besucher bitten, sich die Hände zu waschen.

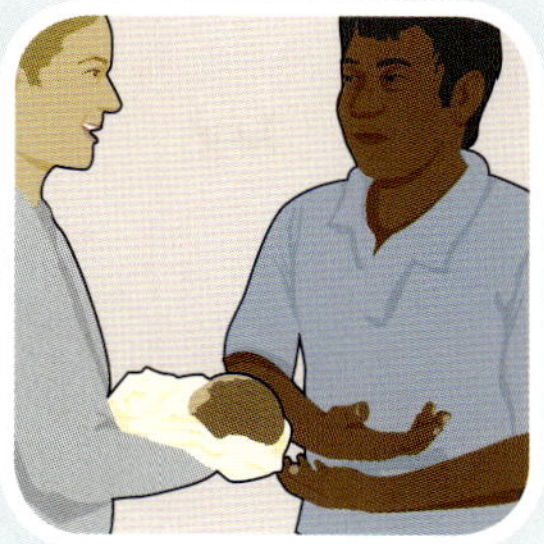

Das Baby in offene Arme legen.

Das Baby Kindern in den Schoß legen.

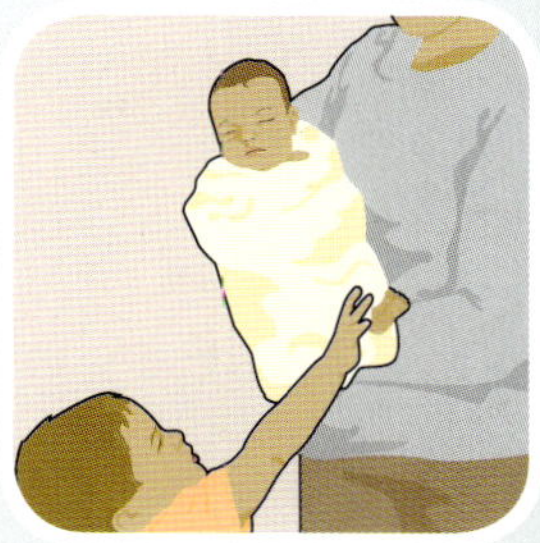

Kinder können die Zehen des Babys anfassen.

60 Dem Haustier Baby vorstellen

Haustier mit anderen Kindern in Kontakt bringen.

Dem Hund Babysachen zum Schnüffeln geben.

Tier begrüßen, das Baby hineinbringen.

Das Baby halten, Tier beruhigen.

61 Ein Baby halten

120 Baby auf den Bauch legen

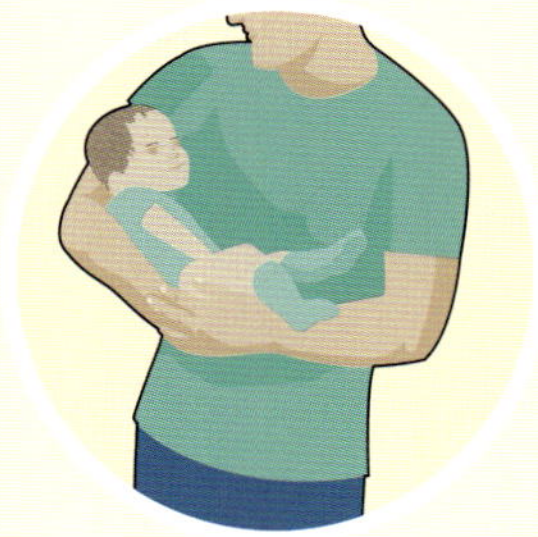

Im Wiegegriff kann man das Baby gut schaukeln.

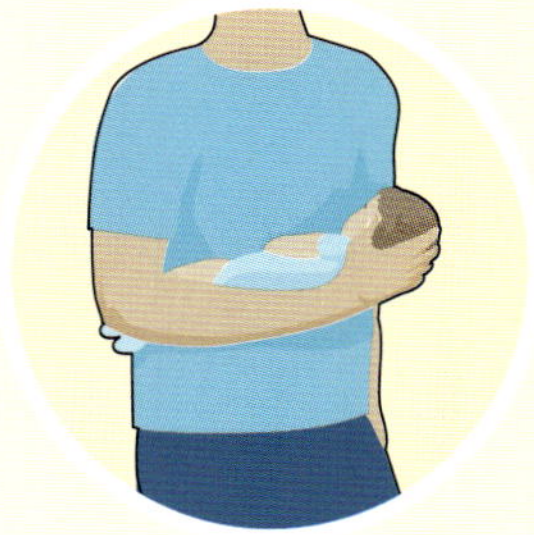

So bleibt ein Arm frei.

Durch die Bauchhaltung wird der Nacken des Babys gestärkt.

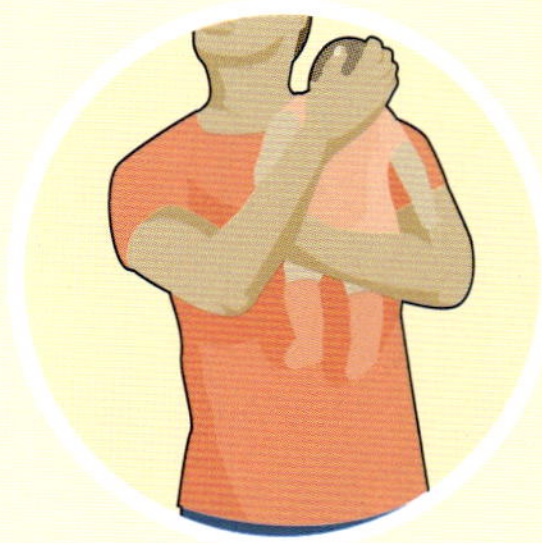

Der Schultergriff ist gut für kleine Spaziergänge.

62 Ein Baby einwickeln

Durch Einwickeln, auch bekannt als „Baby-Burrito", kann Ihr Schatz in den ersten Monaten beruhigt werden – es wird an die warme, gemütliche Umgebung vor der Geburt erinnert.

Ein Baby ist kein Ghetto-blaster!

Wagen Sie nicht, es hängen zu lassen.

Nicht wie einen Football halten.

Das Baby nicht in die Einkaufstüten stecken.

63 Charakter des Babys bestimmen

Babys haben Persönlichkeit und Launen, genau wie Erwachsene. Starten Sie eine Sammlung!

KARRIEREHÖHEPUNKTE

- Hat Angst vor Fremden.
- Kann Sie aus Familienfeiern schleusen.
- Weint, wenn die Türglocke läutet.

Insider-Tipp: Bei weniger Menschen quengelt er auch weniger.

KARRIEREHÖHEPUNKTE

- Windet sich von Omas Schoß.
- Wirft mit leeren Schnabeltassen.
- Weiß genau, was er will.

Insider-Tipp: Keine Langeweile aufkommen lassen. Halten Sie ihn in Bewegung!

KARRIEREHÖHEPUNKTE

- Freundet sich beim Picknick leicht mit anderen an.
- Kann selbst neben einer Baustelle schlafen.
- Isst wirklich alles.

Insider-Tipp: Sie beschäftigt halten, aber nicht mit körperlicher Aktivität überfordern.

Babys können nicht sprechen, also kommunizieren sie mit Geräuschen und ihrer Körpersprache. Achten Sie auf diese verräterischen Signale:

Babys Hinweise erkennen 64

blickscheu

Augen reiben

durchgedrückter Rücken

Stellreflex

gurren

konzentriertes Gesicht

Schmerzensschrei

hungriger Schrei

Manchmal sind die Geräusche genau so wichtig wie die Körpersprache. Schmerzensschreie sind lang und laut und anhaltend hoch. Hungrige Schreie sind kurz und eher tief.

65 Mit Papa abrocken

66 Nervöse Väter erkennen

67 Mit einem Öko-Papa chillen

68 Mit einem Spaßvogel spielen

Der Mama Gutes tun 69

Sie mit Süßigkeiten überraschen.

Ihr Blumen mitbringen.

Im Haushalt helfen.

Ihr ein Ständchen bringen.

Der Mama eine Auszeit gönnen 70

Einen Nachmittag für Mütter organisieren.

Sich mit anderen Vätern absprechen.

Ihnen einen freien Tag schenken.

Spaß am Spielplatz haben 125

Mit den Freunden abhängen.

71 Mit dem Handy zum Super-Papa

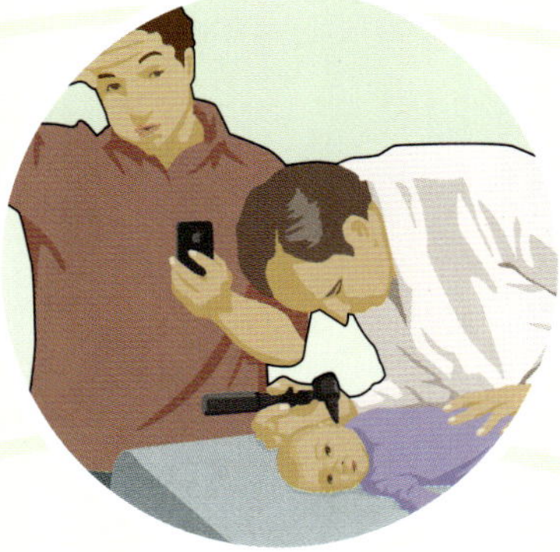

Kalender: So wird kein Termin vergessen.

Notepad: Einkaufsliste erstellen.

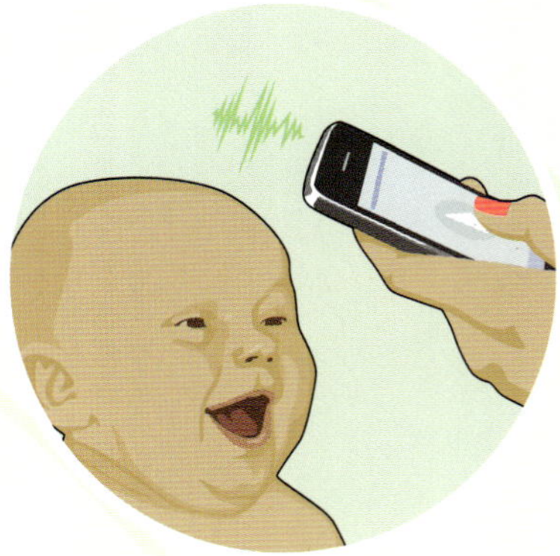

Tonaufnahme: Verschicken Sie Nachrichten, wenn Sie unterwegs sind.

Musik-Wiedergabe: Baby beruhigen.

GPS: Den Weg kennen.

Kamera: Vor jedem mit dem Baby angeben.

Handy als Babyphon verwenden 72

Auf dem Handy anrufen.

Handy neben das Baby legen.

Ohrhörer verwenden.

Dranbleiben.

Das Handy zur Flucht nutzen 73

Häusliches Drama aufnehmen.

Einen diskreten Alarm einstellen.

Neben dem Gastgeber stehen.

Auf den Alarm antworten.

Die Mailbox abrufen.

Einem Aufbruch zustimmen.

Sich entschuldigen und gehen.

Wenn nötig, wieder verwenden.

74 Beim Stillen helfen

Für eine Mutter fühlt sich das Stillen manchmal wie ein Vollzeitjob an. Da Sie ihr das Stillen nicht abnehmen können, sollten Sie ihr es so angenehm wie möglich machen.

117 Baby zum Lachen bringen

Erbrechen vermindern 75

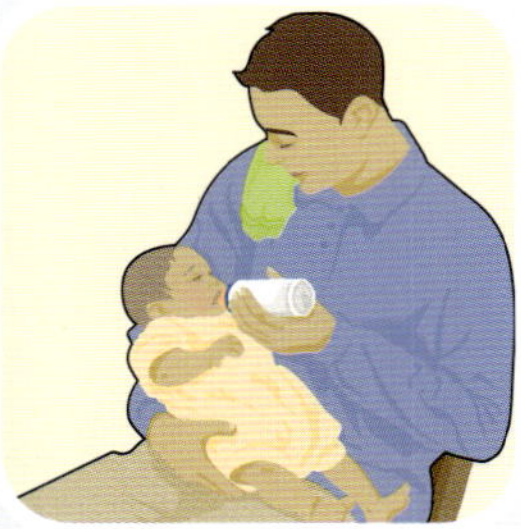

Babys Kopf hochhalten.

Häufig Bäuerchen machen lassen.

Baby aufrecht halten.

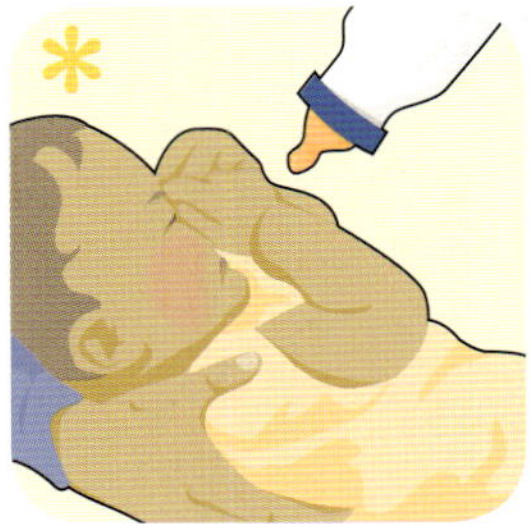

Babys Hinweise beachten.

Egal wie vorsichtig Sie sind, es kann immer etwas Milch hochkommen. Haben Sie immer ein Tuch bei der Hand und drehen Sie nicht durch. Bei den meisten Babys ist dieser Spuk nach den ersten sechs Monaten vorbei.

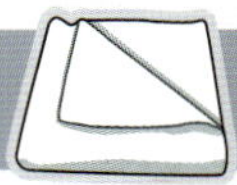

Ein Bäuerchen machen 76

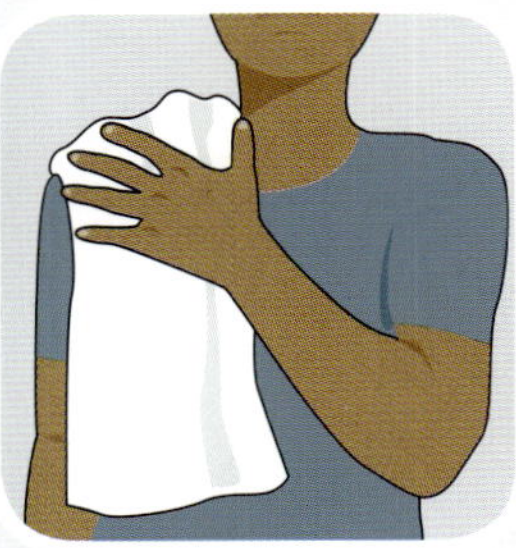

Stoffwindel auf die Schulter legen.

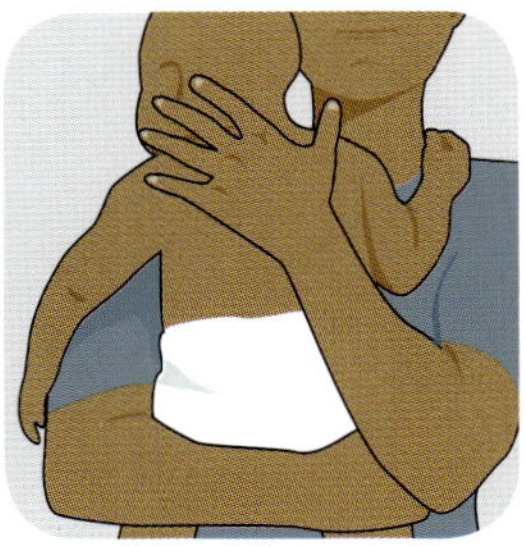

Das Baby positionieren.

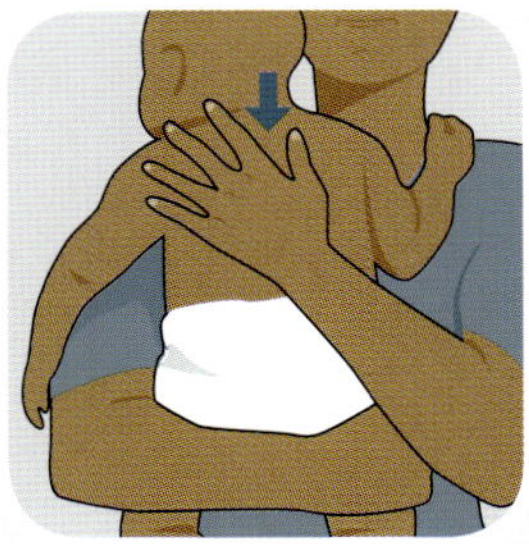

Dem Baby auf den Rücken klopfen…

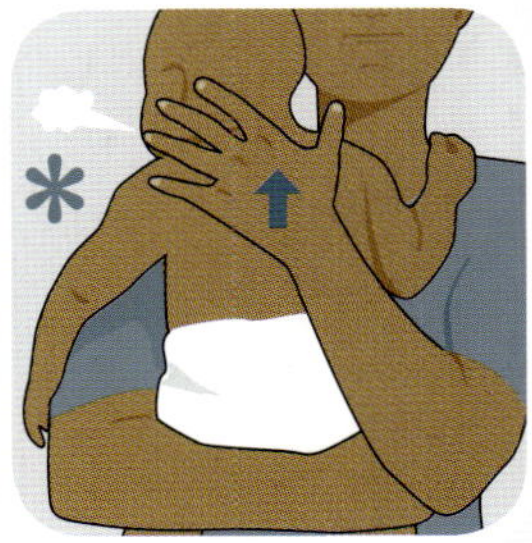

…bis das Bäuerchen kommt!

Keine Sorge, wenn das Baby einmal kein Bäuerchen macht. Wenn es nach vier Minuten noch keines gemacht hat, hat es vielleicht kein Bedürfnis danach, warten Sie also nicht weiter darauf.

77 Milchnahrung richtig mischen

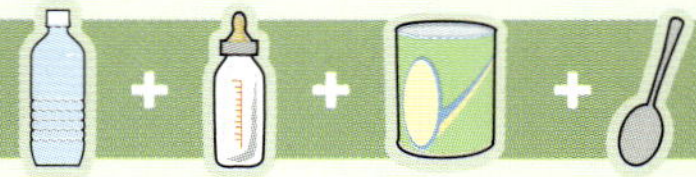

Aufbereitetes Wasser verwenden.

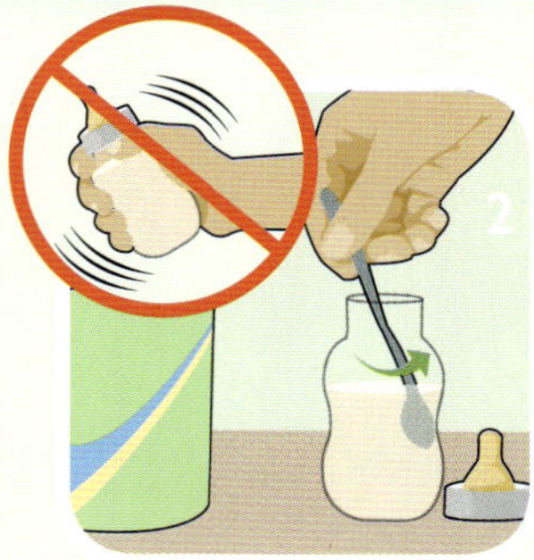

Gerührt, nicht geschüttelt.

Immer nur eine Portion zubereiten.

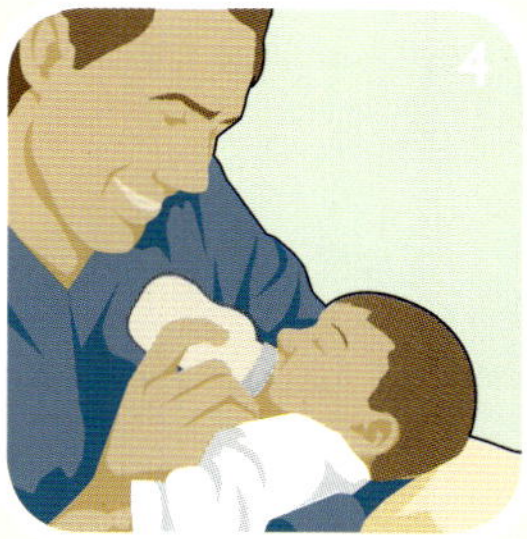

Baby füttern.

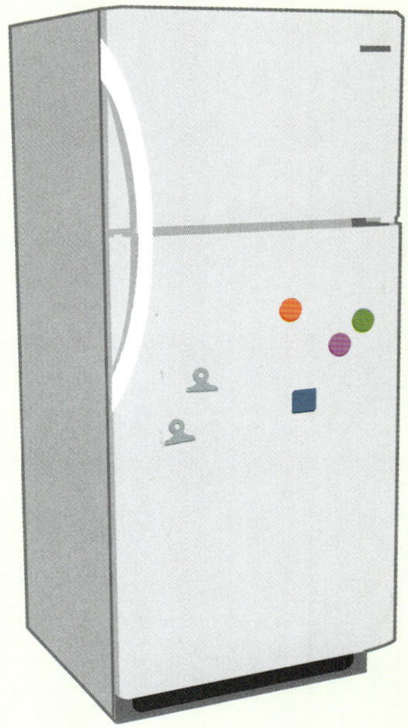

Bei richtiger Lagerung hält gefrorene Muttermilch drei bis sechs Monate. Aufgetaute Milch muss innerhalb von 24 Stunden verwendet werden. Frische Muttermilch ist im Kühlschrank fünf Tage haltbar.

78 Muttermilch lagern, auftauen

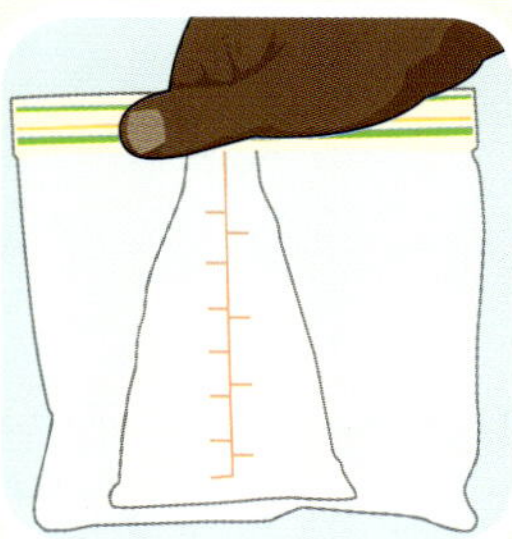

Mit zwei Gefrierbeuteln abpacken.

Einfrieren.

In warmem Wasser auftauen.

Milch rühren, um Hitze zu verteilen.

79 Fläschchen geben

Vor Erstgebrauch auskochen.

Durchfluss überprüfen.

Überprüfen, ob die Milch warm und nicht heiß ist.

Fläschchen halten, nicht abstützen.

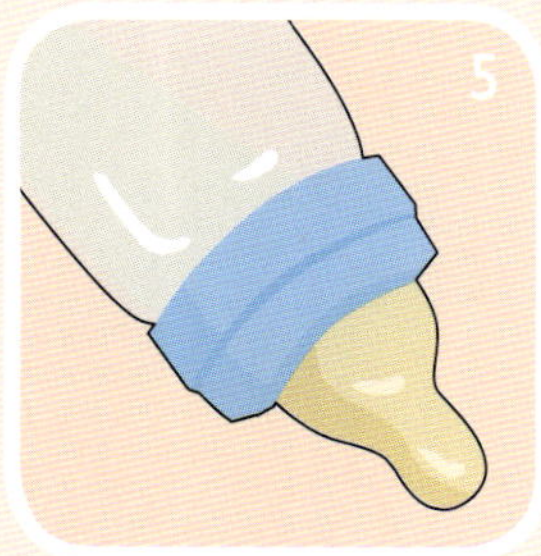

Richtiger Winkel, um Luftblasen zu vermeiden.

Bäuerchen während und nach der Mahlzeit machen.

Seite wechseln.

Im Geschirrspüler oder mit Hand abwaschen.

Abgenutzte Sauger austauschen.

80 Windeln wechseln

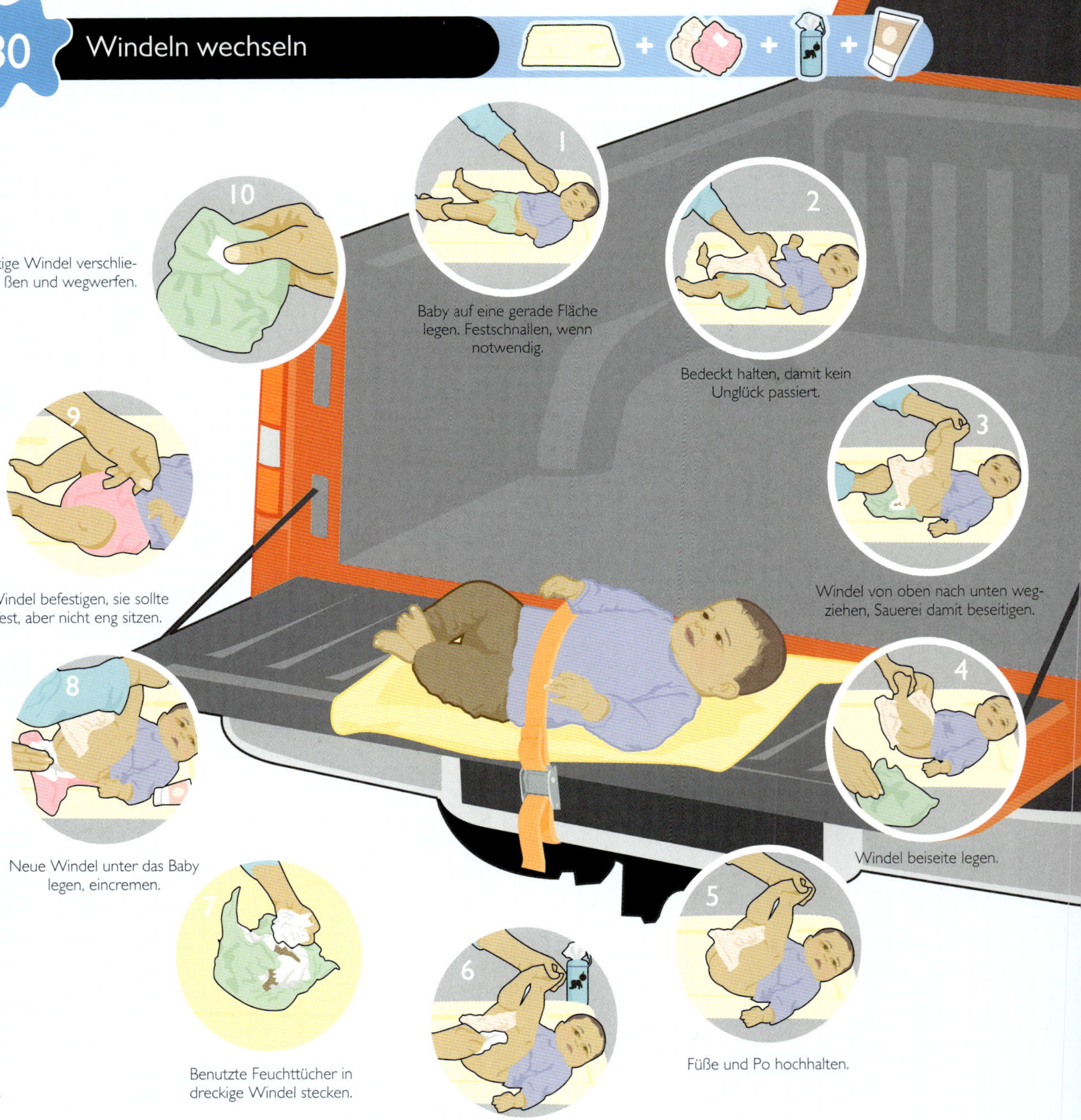

81 Babys Stuhl deuten

Ist diese Farbe normal? Verfallen Sie nicht in Panik! Der Stuhl des Babys wird eine Zeit lang ständig verschiedene Farben annehmen.

Dunkles Grün
die Farbe von Mekonium; erster Stuhlgang des Babys.

Senfgelb
typische Farbe für Kinder, die Muttermilch bekommen.

Gelb mit grünem Stich
typische Farbe für Babys, die Milchnahrung bekommen.

Rot
könnten harmlose Blutreste sein oder auf etwas Ernstes hinweisen; konsultieren Sie den Kinderarzt.

Weiß
kommt selten vor, kann auf eine Lebererkrankung hinweisen; konsultieren Sie Ihren Kinderarzt.

82 Eine Wickeltasche packen

83 Mit Wickelpannen umgehen

Beschmutzte Oberflächen desinfizieren.

Windeln wechseln, während das Baby steht.

Einen Eimer mit Seifenlauge bereithalten.

Daneben? Andere Größe oder Marke helfen.

Jede ebene Fläche zum Wickeln nutzen.

Die Sauerei mit dem eigenen Mantel verbergen.

Eine größere Windel über eine kleinere anlegen.

Die Windel mit Klebeband „abdichten“.

Süßigkeiten können zu Verdauungsproblemen führen.

84 Babysachen im Alltag benutzen

Auto mit zu kleinen Windeln polieren.

Baby-Sonnenschutz ist toll für empfindliche Haut.

Wickeltasche als Laptop-Tasche wiederverwerten.

Mit Feuchttüchern kann man das Armarturenbrett gut abwischen.

In Gläsern von Babynahrung kann man kleine Einzelteile gut aufbewahren.

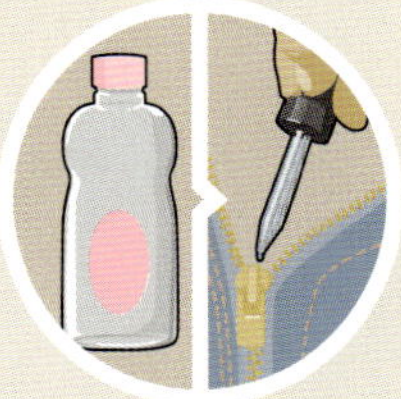

Babyöl hilft beim Lösen eines Reißverschlusses.

Ein Super-Papa ist immer erfinderisch. Wenn die Vorräte knapp werden, weiß er sich ersatzweise mit den üblichen Babyutensilien zu helfen.

Kater mit Elektrolytersatz behandeln.

Baby-Snacks sind leckeres kalorien- und fettarmes Essen.

85 Mit dem Schwamm waschen

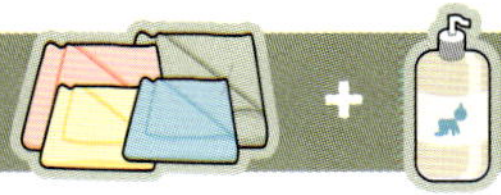

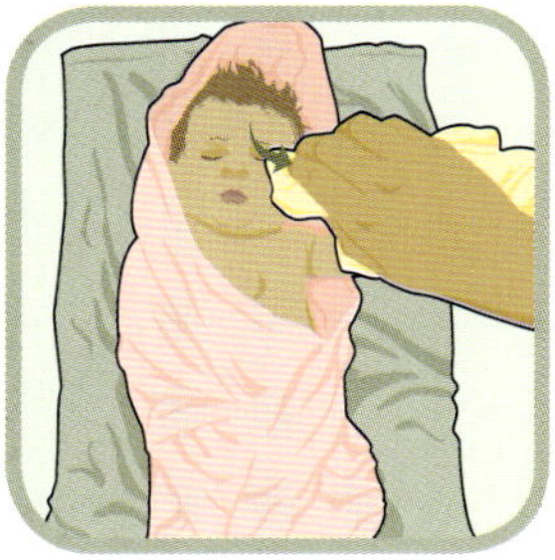

Gesicht von der Nase aus abwischen.

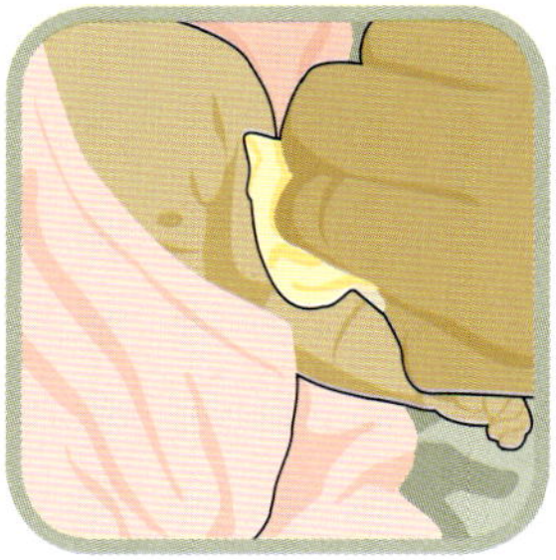

Alle Hautfalten säubern.

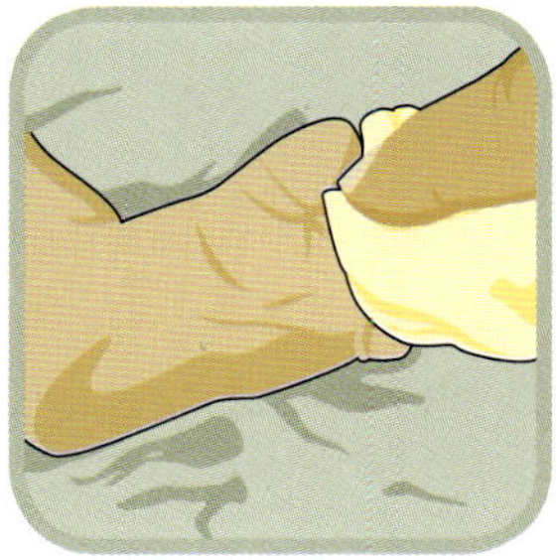

Auch zwischen den Zehen waschen.

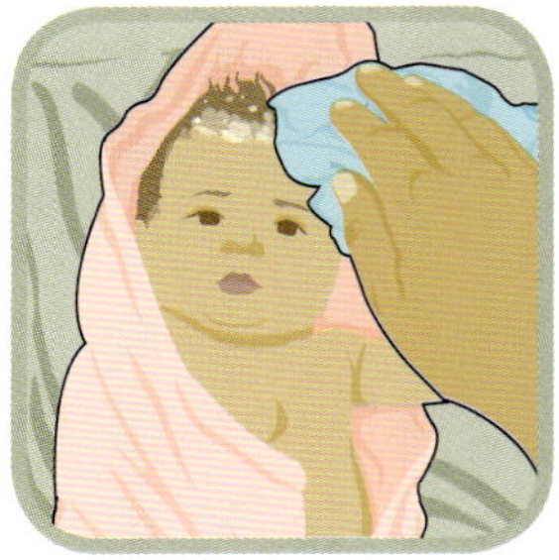

Mit feuchtem Lappen shampoonieren.

86 Baby in der Wanne baden

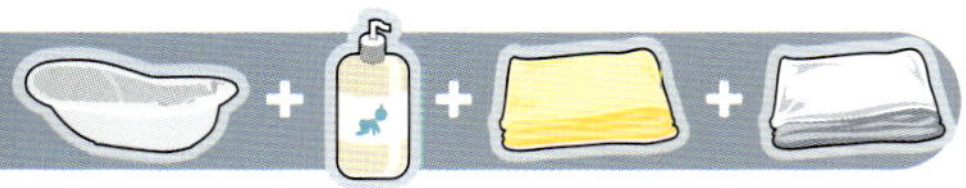

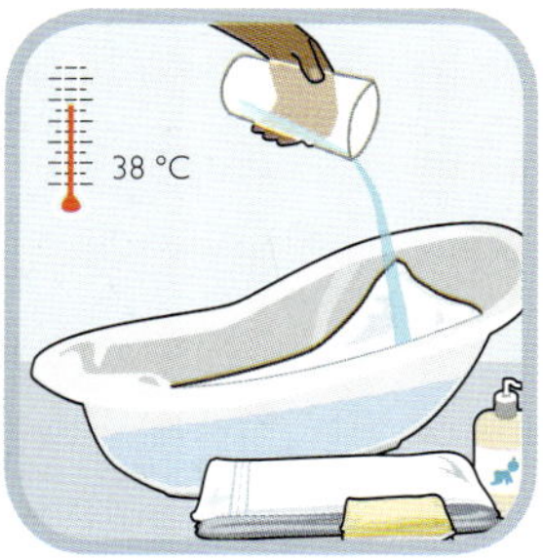

Wanne und Zubehör vorbereiten.

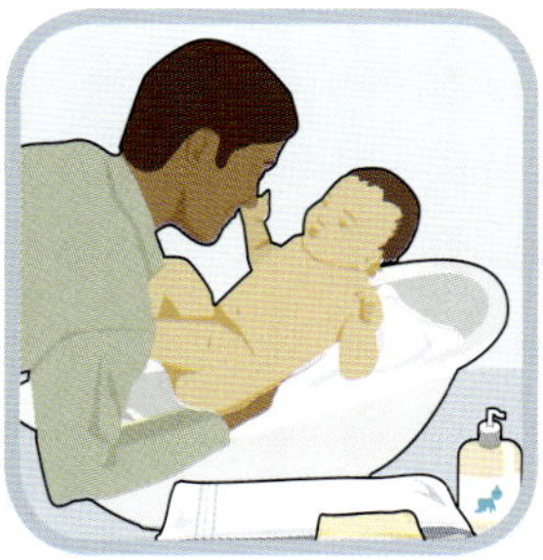

Kopf und Rücken stützen.

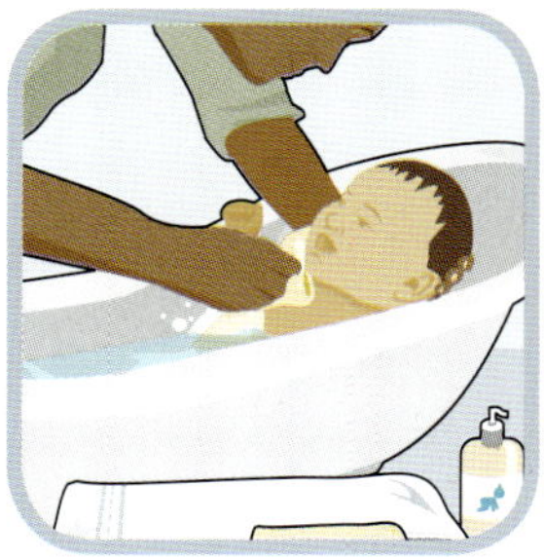

Gesicht zuerst waschen.

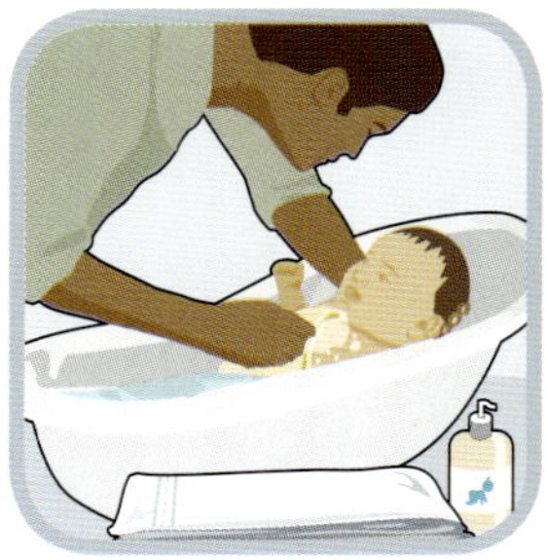

Körper von oben nach unten waschen.

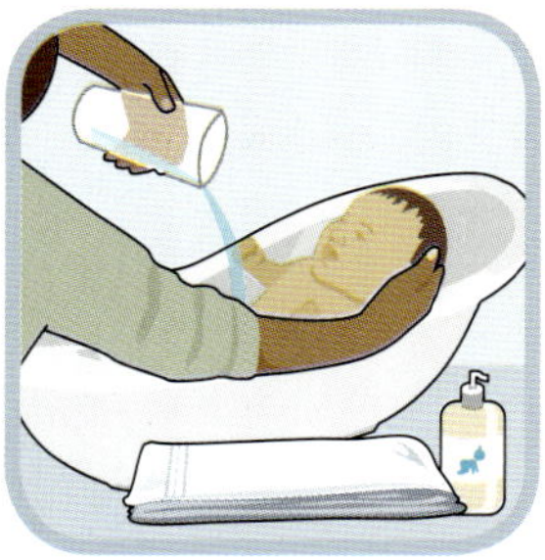

Warmes Wasser nachgießen, damit dem Baby nicht kalt wird.

Nach vorn beugen, um den Rücken zu waschen.

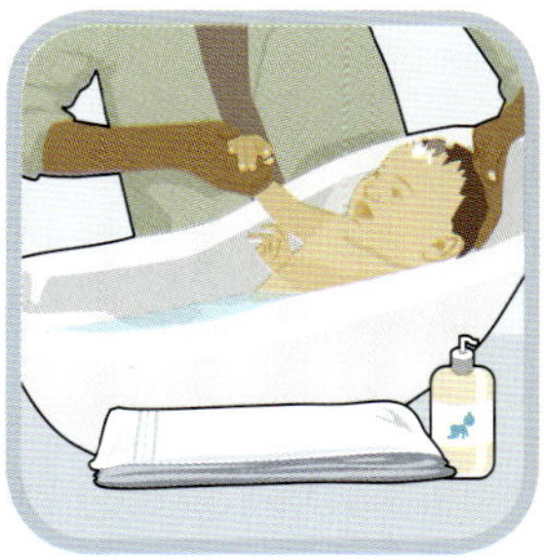

Haare am Schluss waschen.

Abtrocknen und anziehen.

Babys Fingernägel kürzen 87

Einen ruhigen Moment abwarten.

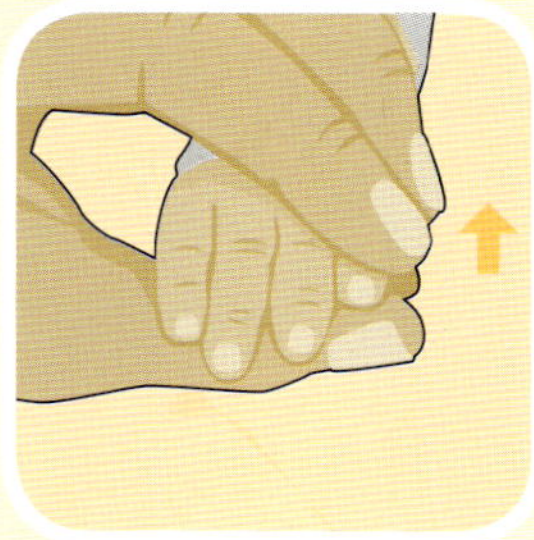

Fingerballen vom Nagel wegdrücken.

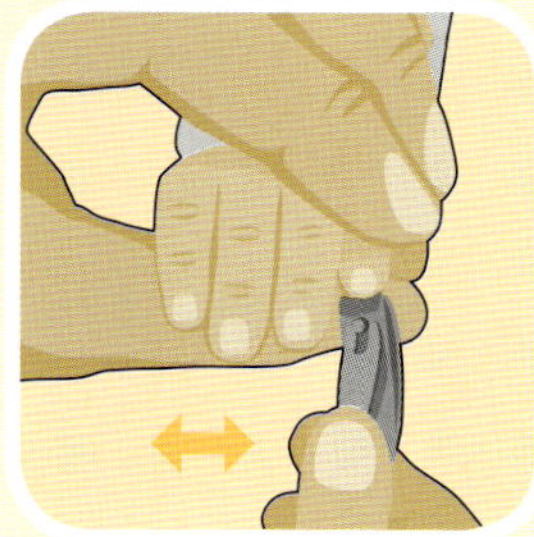

Runde Form schneiden.

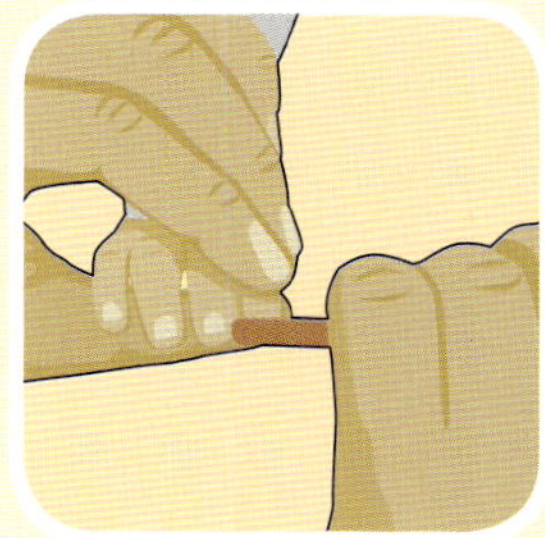

Scharfe Kanten abfeilen.

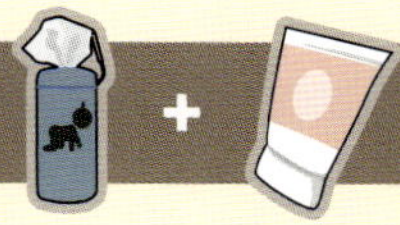

Windelausschlag vermeiden 88

* Verwenden Sie unparfümierte Tücher oder reines Wasser beim Säubern und konsultieren Sie Ihren Arzt bei starken Ausschlägen.

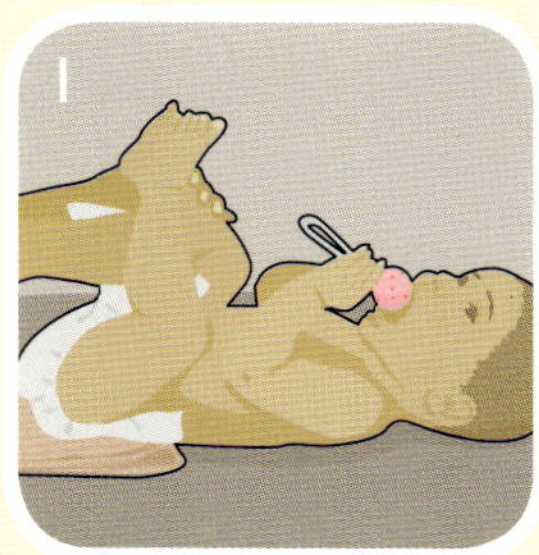

Windeln regelmäßig wechseln.

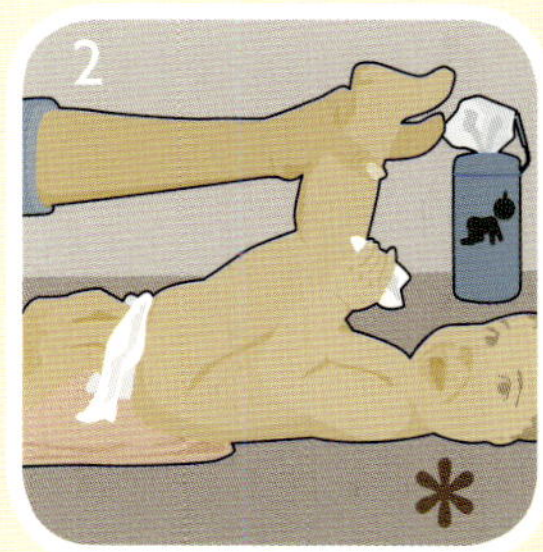

Gut säubern und trocken tupfen.

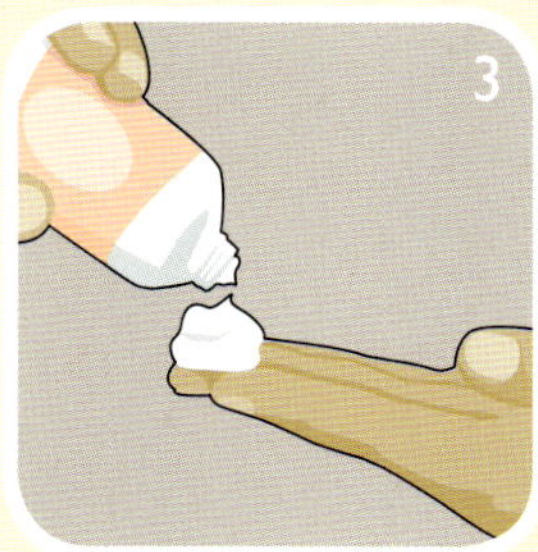

Oft eincremen.

Erste Rötungen an der Luft austrocknen lassen.

89 Kleider machen Babys

Die größten Trends bei Babymode sind Sicherheit und Komfort. Also, seien Sie ein Trendsetter!

Schilder für richtige Größe lesen.

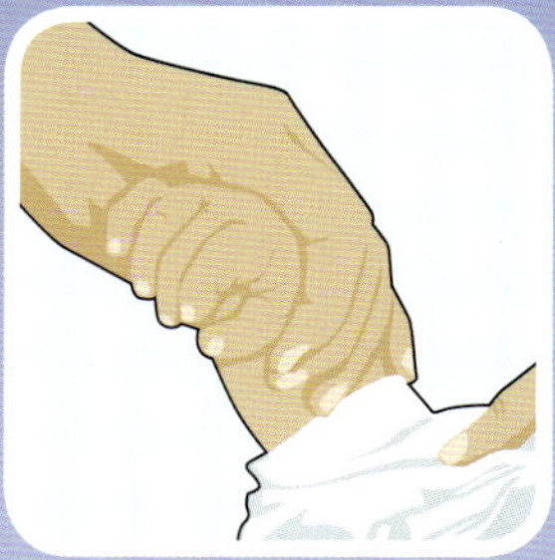

Hände durch Ärmel ziehen.

Kordelzüge vermeiden.

Keine Nieten oder Strasssteinchen.

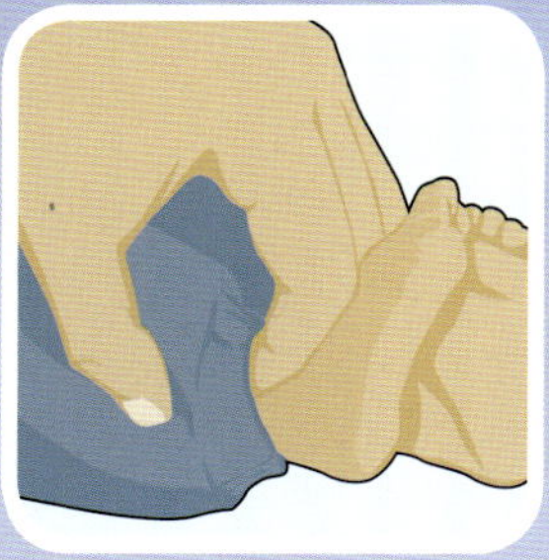

Gummibund auf Sitz überprüfen.

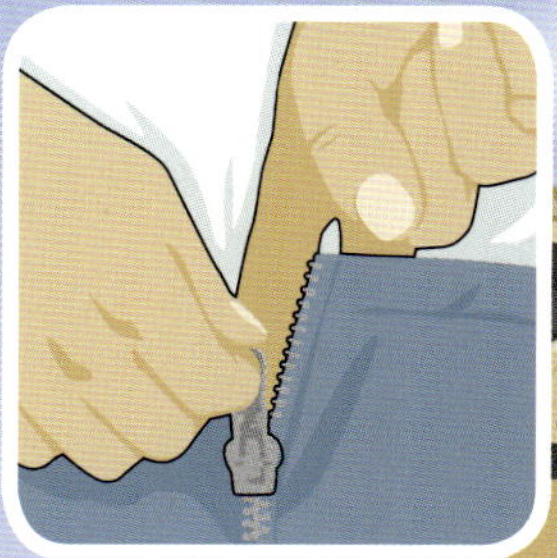

Finger unter den Reißverschluss legen.

Baby im Zwiebellook anziehen.

Schlafanzüge mit Füßen machen das Leben einfacher.

Backsoda
Fleischzartmacher
Zitronensaft
Essig
Nagellackentferner
Reinigungsalkohol
Sonnenlicht

91 Den Kinderwagen auffrisieren

92 Koffer packen mit dem Baby

93 Mit einem Baby fliegen

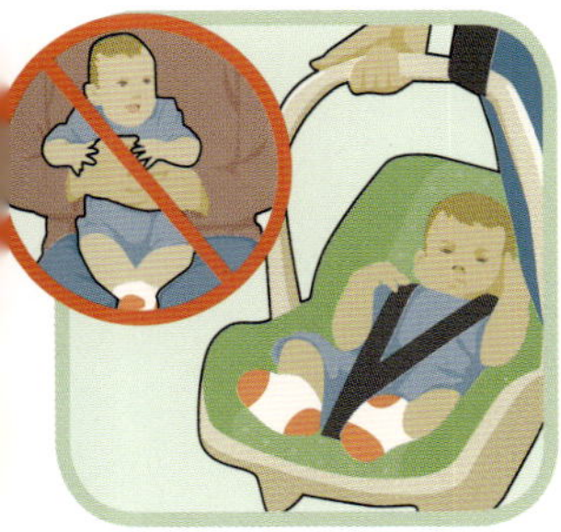
Geeigneten Autositz verwenden.

Kinderwagen erst am Gate einchecken.

Zusätzliche Babyutensilien einpacken

Baby beim Wegfliegen füttern.

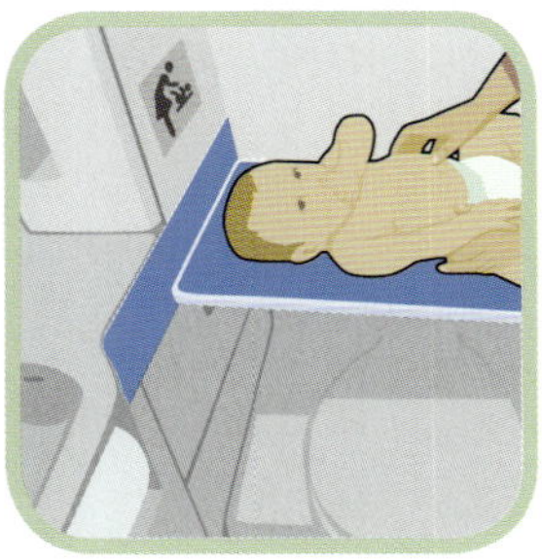
Windeln im Waschraum wechseln.

Mit neuem Spielzeug ablenken.

Durch den Gang spazieren, wenn das Baby weint.

Beim Landen füttern.

94 Baby beim Einkauf ablenken

95 Baby beim Konzert beschäftigen

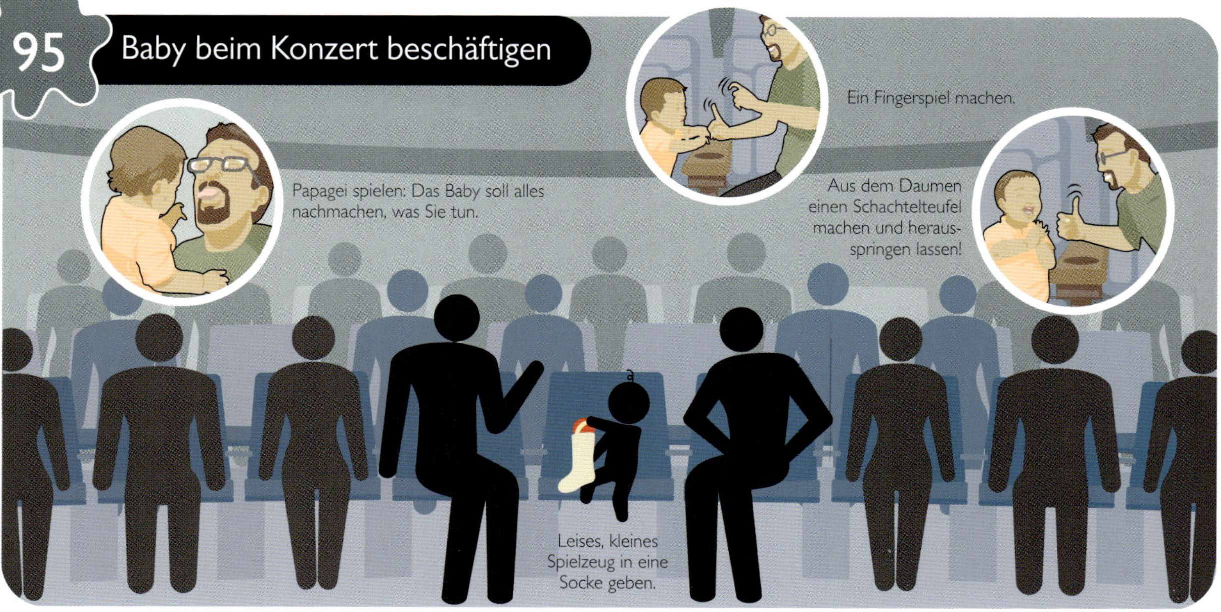

Baby in der Schlange ruhig halten 96

Baby im Büro mitarbeiten lassen 97

98 Vortäuschen, dass es sauber ist

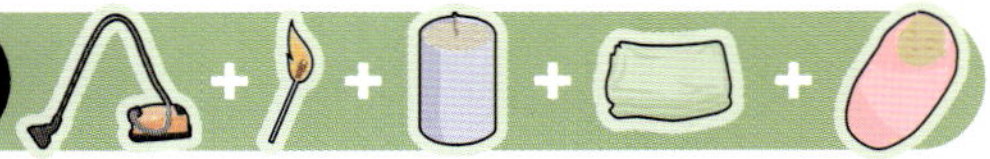

Sofakissen umdrehen.

Schnell einen Weg durch die Wohnung saugen.

Durchlüften.

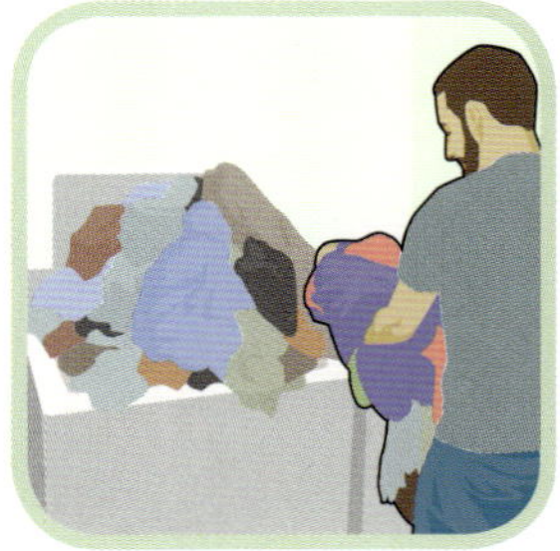

Abstellraum als Versteck nutzen.

Schmutziges Geschirr in der Spülmaschine verstecken.

Waschbecken feucht auswischen.

Krempel rein – Duschvorhang zu.

Mit dem bezaubernden Nachwuchs ablenken.

99 Baby als Wischmopp

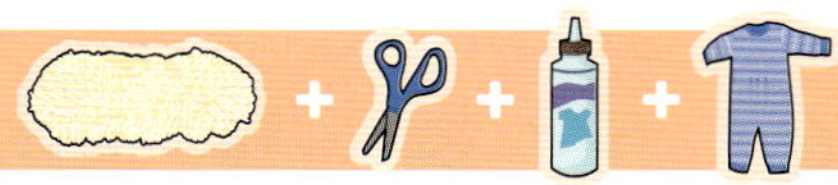

Mopp zerschneiden.

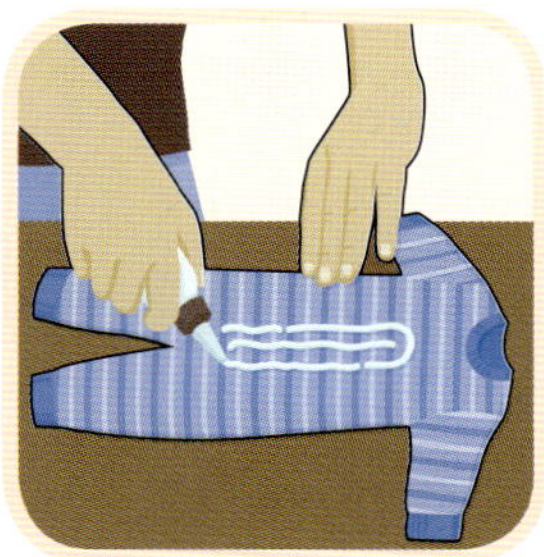

Ungiftigen Klebstoff verwenden.

Mopp-Teile ankleben.

Das Baby losdüsen lassen!

Restaurants und Lieferservice gehen ins Geld und sind nicht unbedingt gesund. Ein Grillhähnchen ist eine gute Ausgangsbasis für einfache, gesunde Mahlzeiten, die Sie im Handumdrehen zubereiten können.

Möchtegern-Drei-Hauben-Koch 100

101 Mit dem Baby auswärts essen

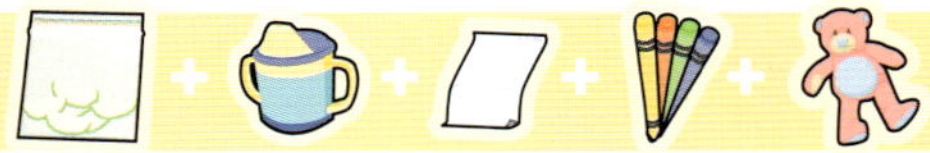

Familienfreundliche Lokale wählen.

Stoßzeiten vermeiden.

Wenn möglich eine Sitz-nische wählen.

Zur Sicherheit angurten.

102 Wählerisches Baby füttern

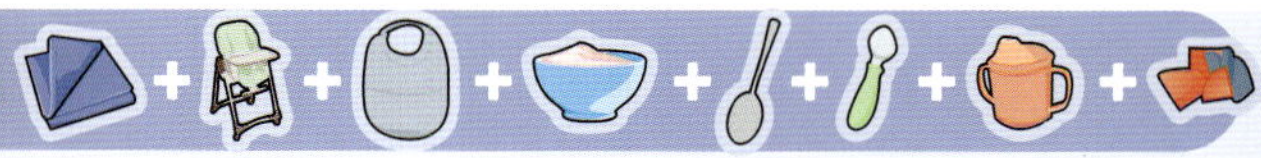

Sitz auf Unterlage stellen.

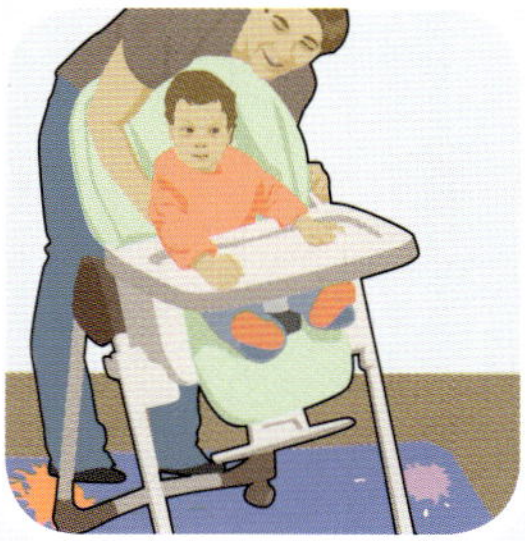

Baby festgurten.

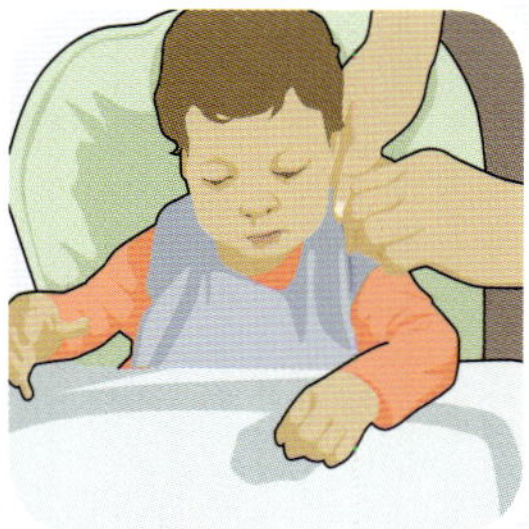

Lätzchen umbinden.

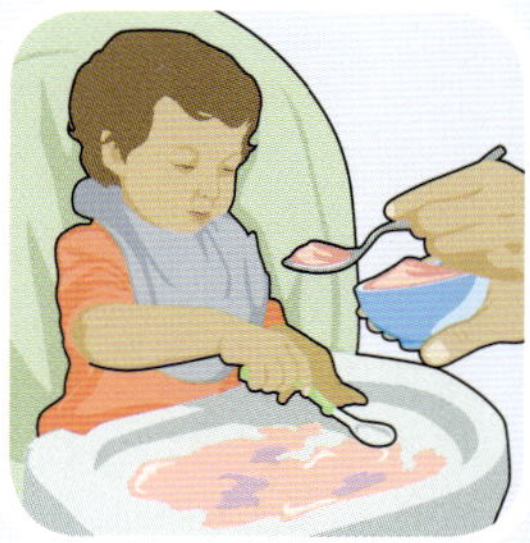

Zwei Löffel verwenden.

Gegenstände außer Reichweite bringen.

Eigene Speisen und Getränke für das Baby mitnehmen.

Leise Beschäftigungsmöglichkeiten einpacken.

Lieblingsspielzeug mitnehmen.

Schnabeltasse anbieten.

Kleine Happen servieren.

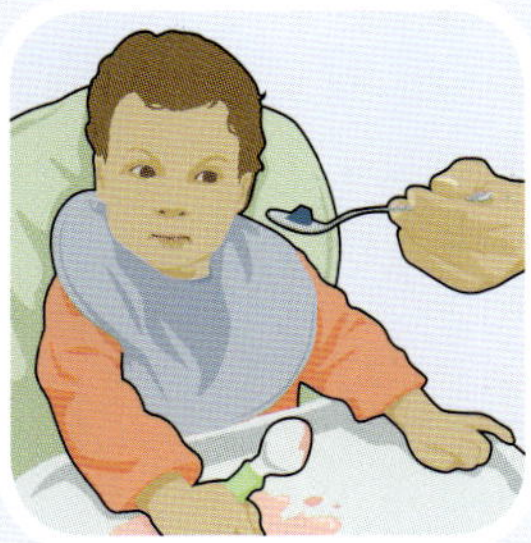

Das Baby wählerisch sein lassen.

Kein Erfolg? Später wieder versuchen.

103 Weinendes Baby beruhigen

Muss es neu gewickelt werden?

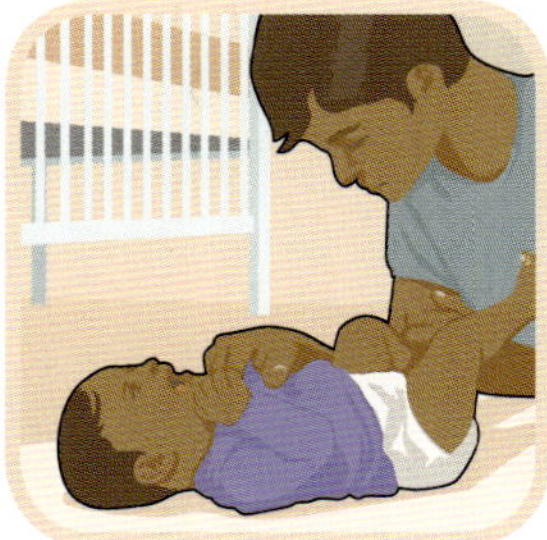
Sich vergewissern, dass alles locker sitzt.

Tapetenwechsel, nach draußen gehen.

Zu Musik wiegen.

Staubsaugen.

Es anders halten.

Kuscheln und summen.

Das Spiegelbild entdecken.

104 Bei Einschlafproblemen

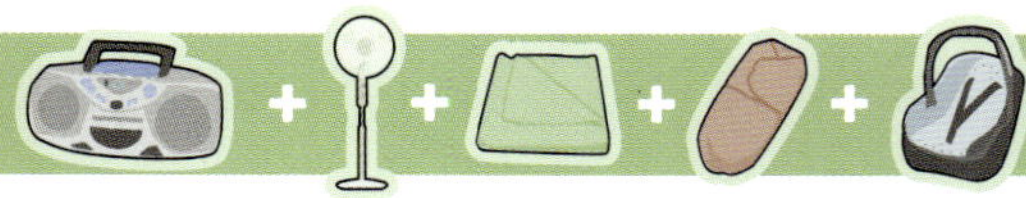

Monotone Alltagsgeräusche erzeugen.

Babys Bett vorwärmen.

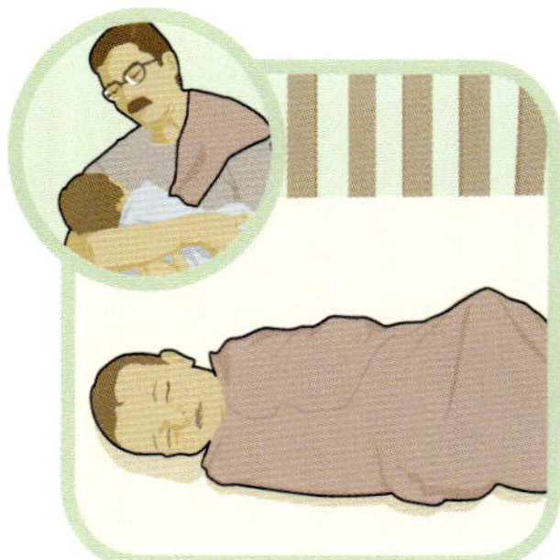
Mit bekannten Gerüchen umgeben.

Aufrecht setzen.

105 Einschlafrituale entwickeln

Immer zur gleichen Zeit beginnen.

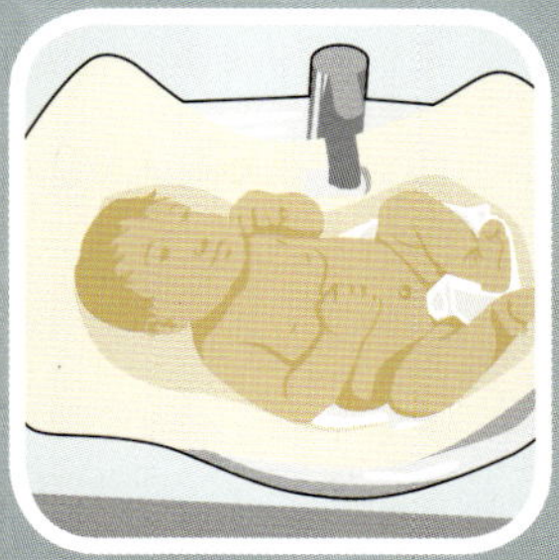

Mit einem warmen Bad schläfrig machen.

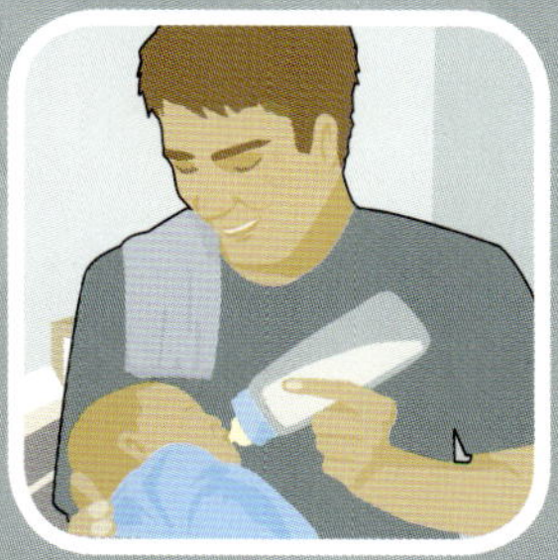

Babys Bauch füllen.

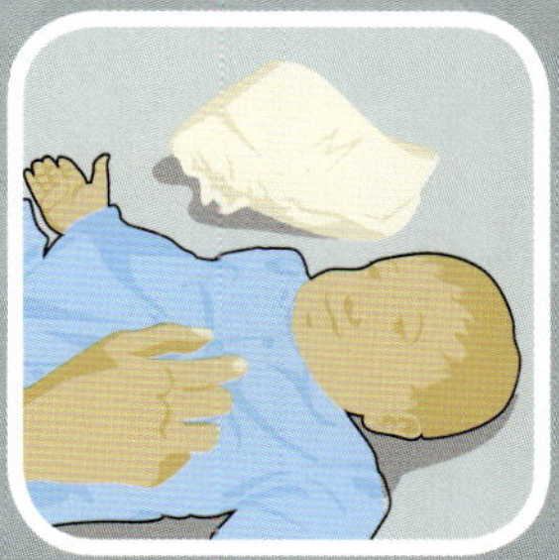

Nasse oder dreckige Windeln wechseln.

Raum abdunkeln.

Schlaflieder vorsingen.

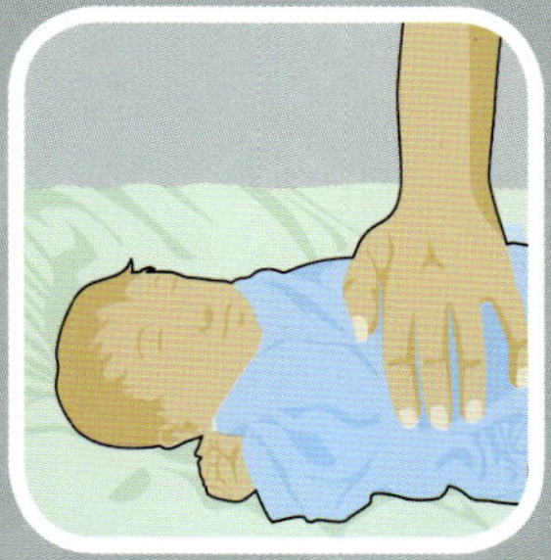

Auf den Rücken legen, sanft tätscheln.

Einschlafritual überall einhalten.

Immer das Gleiche zu machen, kann ermüdend erscheinen, aber ein konsequentes Einschlafritual zeigt dem Baby, wann es Zeit für das Bett ist, und hilft ihm, einzuschlafen. Versuchen Sie immer, sich an das gewohnte Muster zu halten.

106 Sich durch den Tag kämpfen

Ja, schon klar: Sie sind so müde, so müde wie eben ein frischgebackener Vater. Die unberechenbaren Schlafmuster Ihres Babys haben Ihren eigenen Schlafrhythmus auf den Kopf gestellt und Sie können sich nicht einfach freinehmen. Zum Glück machen es diese Tipps ein wenig einfacher:

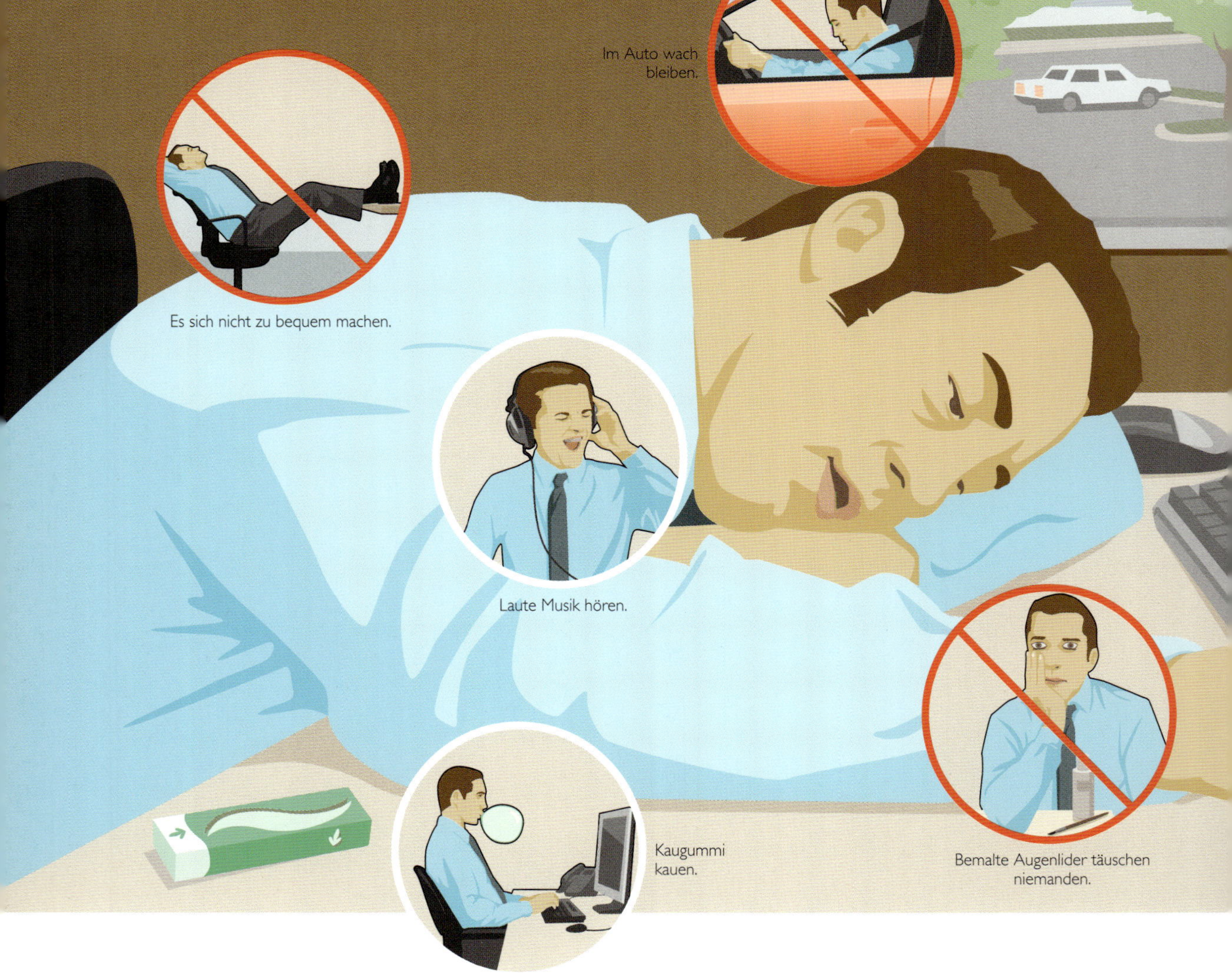

Im Auto wach bleiben.

Es sich nicht zu bequem machen.

Laute Musik hören.

Kaugummi kauen.

Bemalte Augenlider täuschen niemanden.

Frische Luft schnappen und ein bisschen dehnen.
Wenn möglich, ein Nickerchen einschieben.
Raumtemperatur kühl halten.
Auf ausreichende Flüssigkeitszufuhr achten.
Kleinere Mahlzeiten essen.
Koffeinzusätze vermeiden.
Intensive Gerüche können aufmuntern.

107 Fitness-Übungen im Park

Die ganze Welt ist Ihr Fitness-Trainer! Sie werden überall Trainingsmöglichkeiten finden, egal ob im Park oder am Spielplatz. Außerdem tut die gute Luft Ihnen und Ihrem Baby gut!

Kinderwagen-Ausfallschritt 108

Kraft dank Bauchpressen 109

Bizeps mit Baby aufbauen 110

Drehen mit dem Kleinkind 111

112 Es wieder knistern lassen

Schokolade, Austern, Kinder: Was davon wirkt nicht aphrodisierend? Es kann schwierig sein, nach der Geburt die Funken wieder sprühen zu lassen, aber es ist gut für alle. Sex reduziert Stress und stärkt das Immunsystem. Aber üben Sie sich in Geduld, es kann ein wenig dauern, bis sich die Mutter der neuen Situation anpasst und sich wieder sexy fühlt.

Es langsam angehen lassen.

Verständnisvoll sein.

Kalt duschen.

Das Gehirn beschäftigt halten.

Sie mit Komplimenten überhäufen.

Sexy bleiben.

Vier bis sechs Wochen warten.

Schlafenszeiten ausnutzen.

Gleitgel verwenden.

An Verhütung denken.

Ihre Brüste könnten tabu sein.

Verlegenheit weglachen.

Man kann überall die Zeit zum Spielen nutzen, egal ob im Supermarkt, am Flughafen oder im Vorgarten. Und es kann verdammt schnell gehen: Ein Waschkorb wird in 1,3 Sekunden zur Rakete! Sie brauchen kein Spielzeug, das sechs Sprachen lehrt, oder eine High-Tech-Rakete. Bälle, Bauklötze, Seifenblasen oder auch Ihr Lächeln reichen vollkommen aus. Und haben wir schon die unglaublichen Vorteile erwähnt? Wussten Sie, dass Spielen die motorischen Fähigkeiten fördert, Konzentration und Gedächtnis stärkt und soziale Entwicklung und Vorstellungskraft ankurbelt? Und für Väter gibt es noch einen Top-Bonus: Wann sonst kann ein erwachsener Mann so tun, als wäre er ein Ninja, ein Pferd und ein Pirat – und das alles am selben Tag? Jeder gewinnt!

spielen

114 Entwicklung des Babys fördern

115 Baby beim Krabbeln helfen

Helfende Hand anbieten.

Etwas Interessantes außer Reichweite aufstellen.

Spielzeug auf 10 und 14 Uhr hinlegen.

Einen Tunnel bauen.

Ab dem 12. Monat	Ab dem 18. Monat	Ab dem 24. Monat	Ab dem 30. Monat
Seifenblasen-Jagd verbessert Auge-Hand-Koordination, regt den Tastsinn an. 	**Im Sand spielen** verbessert feinmotorische Fähigkeiten; fördert den Tastsinn. 	**Puppenspiel nach Anleitung des Kindes** fördert Fantasie, Sprachentwicklung und soziale Fähigkeiten. 	**Lupe** lehrt Ursache und Wirkung; schenkt Sinneserfahrung. 
Nachahmung fördert das Sozialverhalten und das Körperbewusstsein. 	**Rasseln** fördern die kreative Bewegung und das Rhythmusgefühl. 	**Wasserspiele** fördern Problemlösungskompetenzen und die Feinmotorik. 	**Sich verkleiden** fördert die Kreativität und soziale Fähigkeiten. 

Zum Gehen anregen 116

Etwas zum Herumschieben geben.

Körper stützen. Loben!

Schuhe ausziehen.

Es einen Lichtstrahl fangen lassen.

117 Baby zum Lachen bringen

Grimassen schneiden und alberne Geräusche machen.

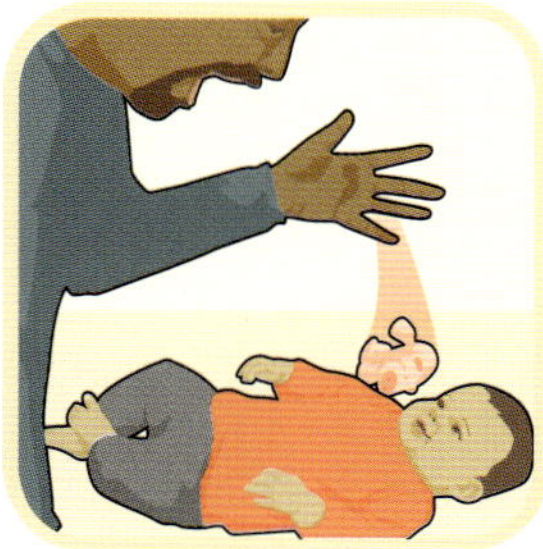
Weiches Spielzeug auf das Baby fallen lassen.

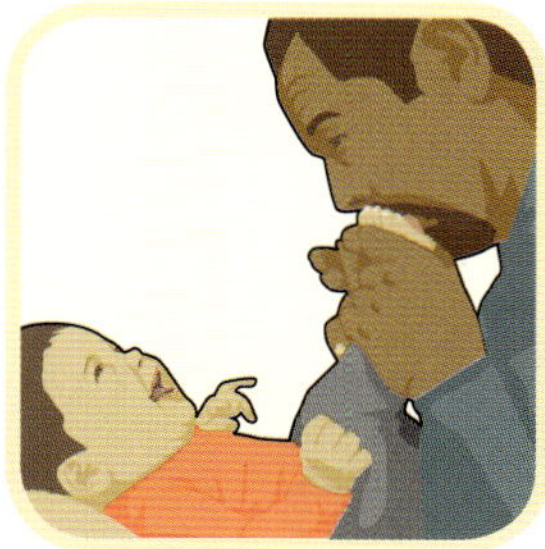
An den Zehen knabbern, kitzeln.

Prusten.

118 Verstecken spielen

Verstecken Sie fast Ihren gesamten Körper.

Suchen Sie quietschendes Spielzeug.

Hütchenspiel.

Einen Behälter zudecken.

Spielzeug hinter dem Rücken verstecken.

Spielzeug mit Handtuch verdecken.

Mit einem Spiegel spielen.

Kuckuck!

Solche kontrastreichen Bilder fördern die Sehkraft Ihres Babys. Hängen Sie Schwarz-Weiß-Bilder so auf, dass Ihr Kind sie sehen kann. Geben Sie ihm auch buntes Spielzeug.

Langsam helles Spielzeug hin- und herschwenken.

Kontrastreiche Bilder aufhängen.

Gestreifte Kleidung anziehen!

Spielzeug vorbeiziehen, das Baby danach greifen lassen.

120 Baby auf den Bauch legen

Das Baby aufrichten, damit es sich besser umsehen kann.

Dafür sorgen, dass es etwas zum Anschauen gibt.

Bauch an Bauch liegen.

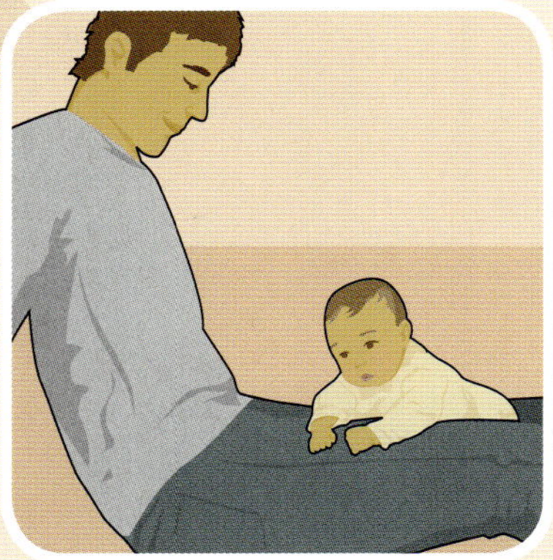

Es kann sich auf Ihrem Fuß abstützen.

Sich gegenüber hinlegen.

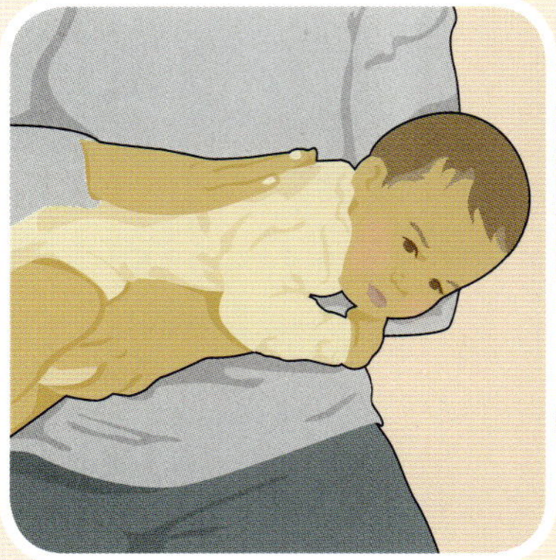

Das Baby auf den Arm nehmen.

* Wenn das Baby auf dem Bauch liegt, werden sein Nacken und seine Muskeln gestärkt. Es findet es angenehmer, wenn es sich dabei umsehen kann, also helfen Sie ihm dabei. Wenn es trotzdem quengelt, lassen Sie es nicht länger als ein paar Minuten auf dem Bauch liegen.

Fit mit Sit-ups 121

1 Das Baby auf Ihre Beine legen und seine Hände halten.

2 Das Baby kann sich (mit Ihrer Hilfe) hochziehen, dadurch baut es Sitzmuskeln auf.

Zum Umdrehen anregen 122

1 Baby auf eine Decke oder ein Handtuch legen.

2 Die Decke langsam unter seiner Schulter anheben.

Ellbogenstand ausführen 123

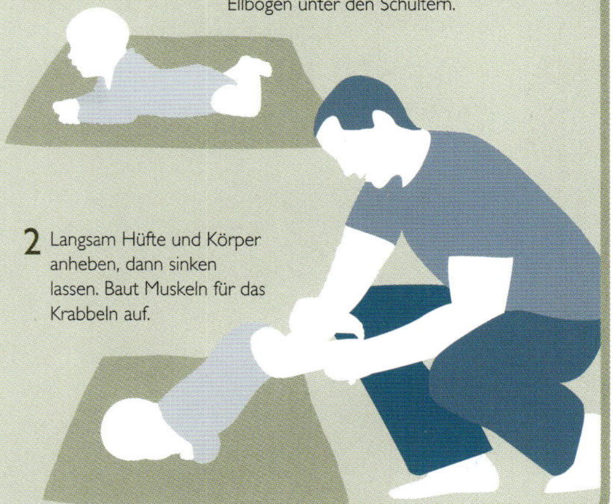

1 Baby auf eine weiche Unterlage legen, Ellbogen unter den Schultern.

2 Langsam Hüfte und Körper anheben, dann sinken lassen. Baut Muskeln für das Krabbeln auf.

Schubkarre fahren 124

1 Warten, bis das Baby seinen Kopf halten und sich auf den Armen aufstützen kann.

2 Rumpf und Füße stützen und langsam bis drei zählen, sinken lassen.

125 Spaß am Spielplatz haben

126 Outfit für den Spielplatz

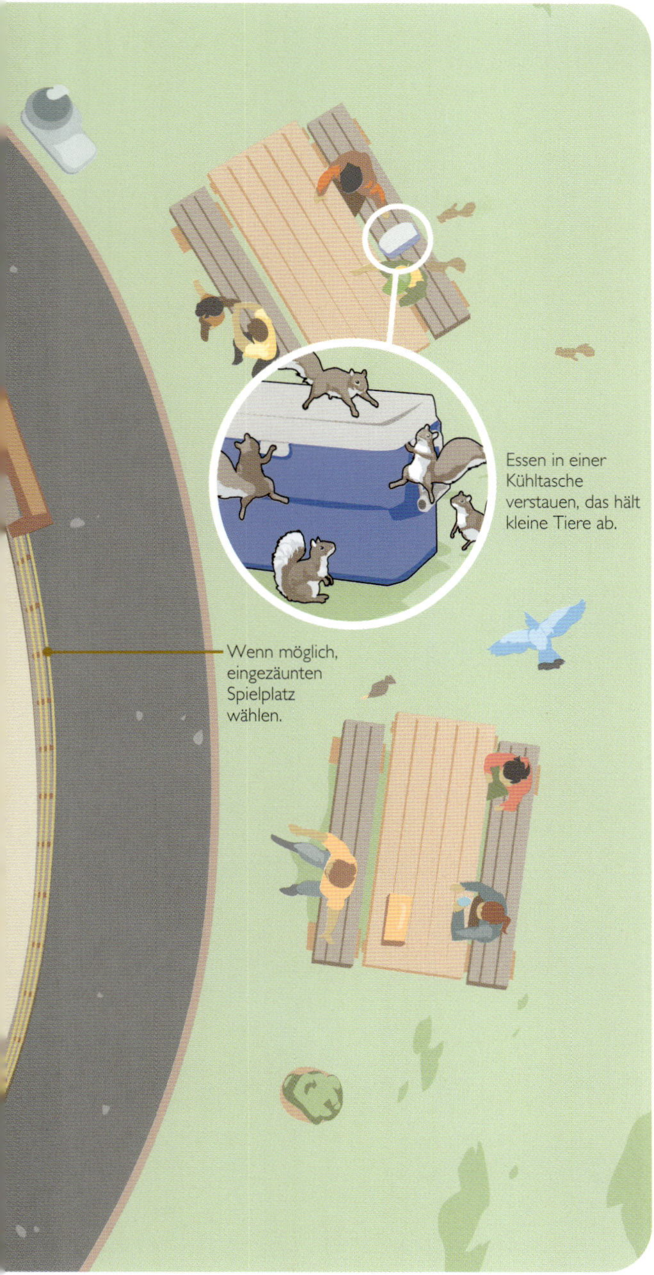

127 Die Sprachkenntnisse fördern

Konsonanten wiederholen.

Augenkontakt; Mimik.

Sagen Sie, was Sie tun.

Gesten verwenden.

Benennen Sie, was Sie sehen.

Zählen.

Fragen stellen.

Spielen Sie telefonieren,
wiederholen Sie Wörter.

128 Baby Handzeichen beibringen

Finger zusammen, Hand
zum Mund führen.

Ein imaginäres Glas zum
Mund führen.

Finger aneinander- und
Hände zusammenführen.

Kopf mit offener Hand
berühren.

129 Flugzeug spielen

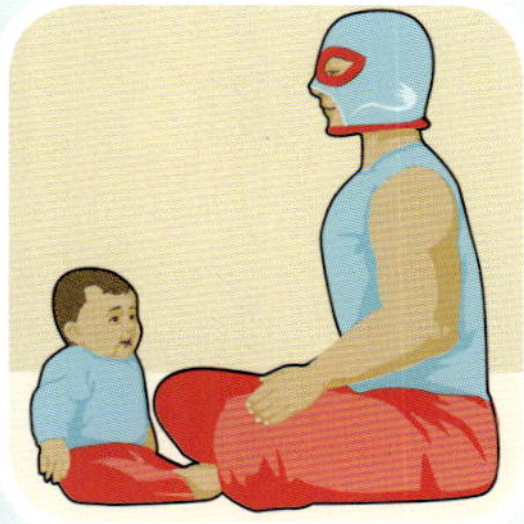
Dem Baby gegenüber sitzen.

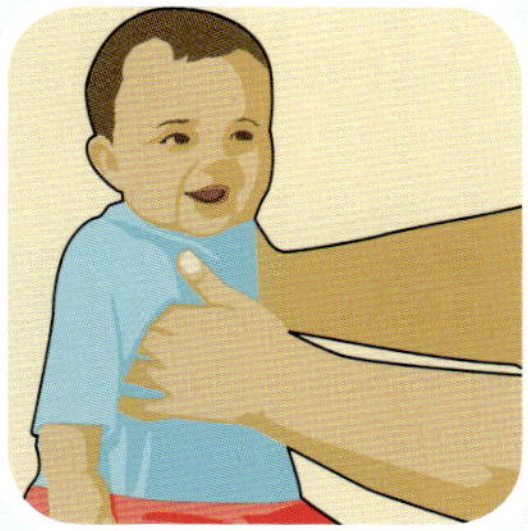
Unter den Armen halten.

Fragen, ob der Pilot bereit ist.

Zum Abheben rückwärts zählen.

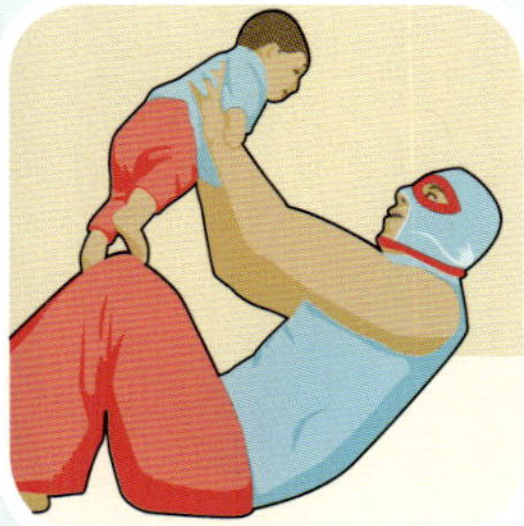
Nach hinten rollen, um abzuheben.

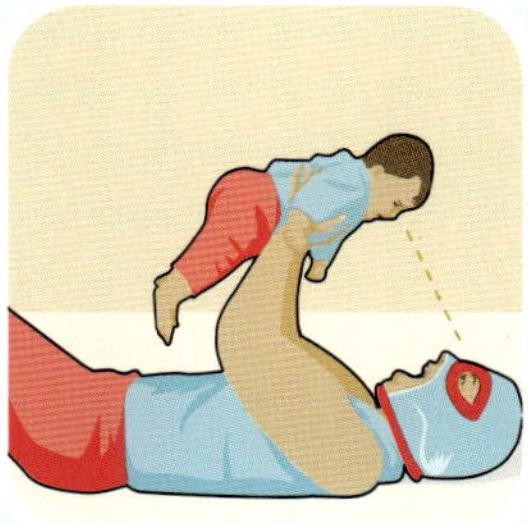
Augenkontakt halten.

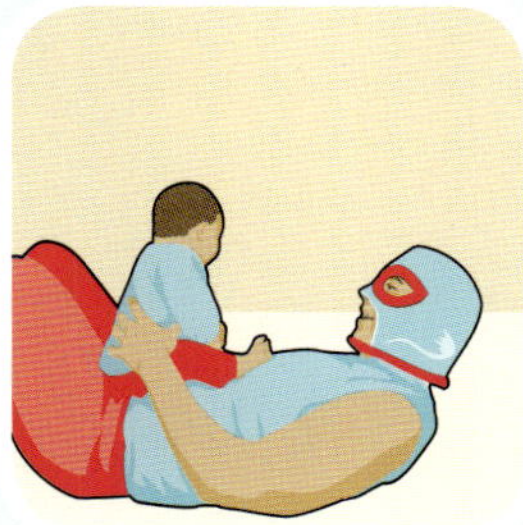
Zum Landen an sich ziehen.

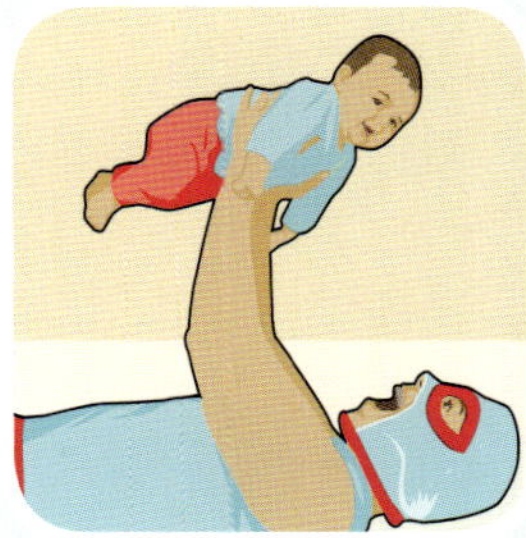
Wiederholen.

130 Ticktack

Baby sicher halten.

Hochheben.

Sanft nach rechts schwingen.

Sanft nach links schwingen.

131 Mit alltäglichen Dingen spielen

Ganz normale Haushaltsgegenstände können tolles Spielzeug sein. Mit ein bisschen Vorstellungskraft kann Ihr kleines Monster ganze Städte im Sturm erobern.

Aufgestapelte Behälter zum Einsturz bringen.

Papiertüten-Gebäude dem Erdboden gleich machen.

Sich im Kugelstoßen üben.

Socken springen lassen.

150 Gefährte aus Karton bauen

Bauklotz-Türme zerstören.

Mit der Wäschekiste durch die Gegend düsen.

Auf Töpfen und Pfannen trommeln.

Eine Karton-Festung bauen.

132 Zeit mit dem Baby verbringen

Sich gemeinsam ein Spiel ansehen.

Sich frische Luft um die Nase wehen lassen.

Auf einem Konzert abrocken.

Sich im Vergnügungspark amüsieren.

An einem Umzug teilnehmen.

Baby zu einer Convention mitnehmen.

Im technischen Museum spielen.

Tiere im Zoo kennenlernen.

133 Ninja-Hindernislauf bewältigen

Mit einer Verbeugung beginnen.

Sich vorsichtig durch den Parcours schlängeln.

Hindernisse aus dem Weg räumen.

Sich in die Festung einschleichen.

134 Bewegende Momente betrachten

So wie sich die Menschheit im Lauf der Geschichte entwickelt hat, erhöht sich auch die Mobilität Ihres Kindes… zum Glück viel schneller. Hier eine Auflistung der bewegendsten Momente; aber vergessen Sie nicht, dass jedes Baby in seinem eigenen Tempo lernt.

1. Monat
Hebt den Kopf an.

2.–3. Monat
Lehnt sich auf die Unterarme, um den Kopf zu heben.

3. Monat
Drückt Kopf und Brust hoch.

3.–4. Monat
Rollt vom Bauch auf den Rücken.

4.–5. Monat
Kann mit Hilfe sitzen.

5.–6. Monat
Kann selbst sitzen.

Den unbezwingbaren Gipfel erklimmen.

Den Spielzeugturm zum Einsturz bringen.

Kekse mit Karate-Schlag zerteilen.

Sich belohnen lassen.

6.–11. Monat
Bewegt sich durch Robben, Kriechen oder Krabbeln weiter.

7.–10. Monat
Zieht sich hoch; geht, wenn es sich anhalten kann.

10.–14. Monat
Steht allein.

12.–14. Monat
Geht allein.

ab 14 Monaten
Geht gut; kann Spielzeug nachziehen.

135 Frühlingsgefühle

136 Spaß unter der Sommersonne

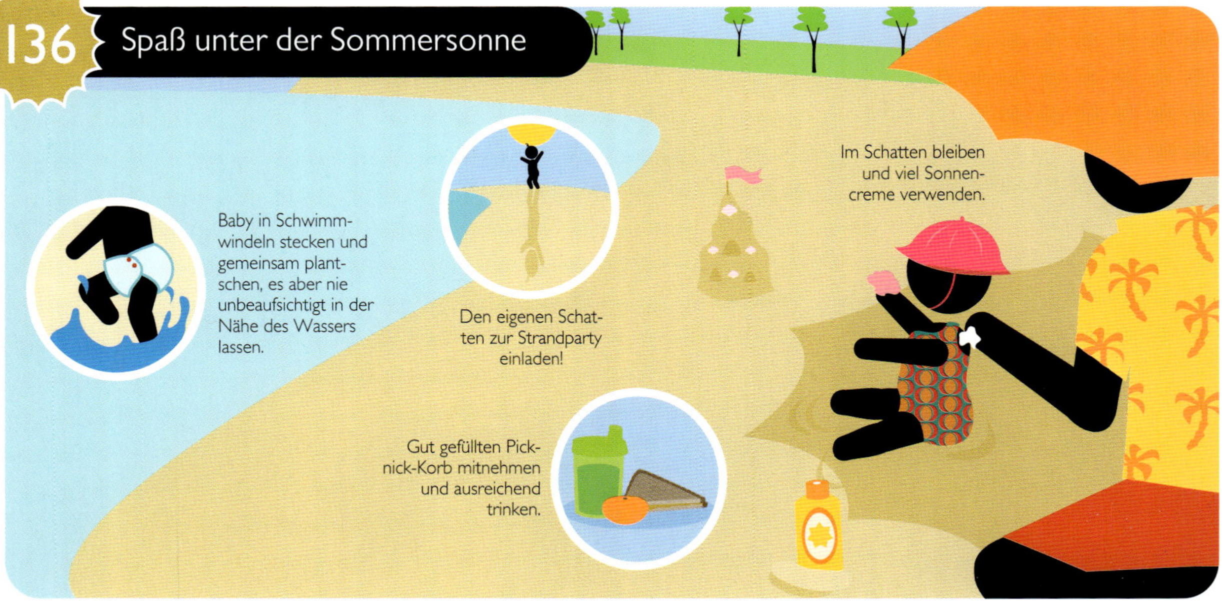

137 Herrlichen Herbst genießen

138 Winterliche Wanderung

139 Eier mit Speck mal anders

Eier mit grüner Lebens-
mittelfarbe verrühren.

Grünzeug zerkleinern,
hinzufügen.

Gründlich kochen.

Mit gehacktem Speck
servieren.

140 Mit Butterkeksen auf Safari

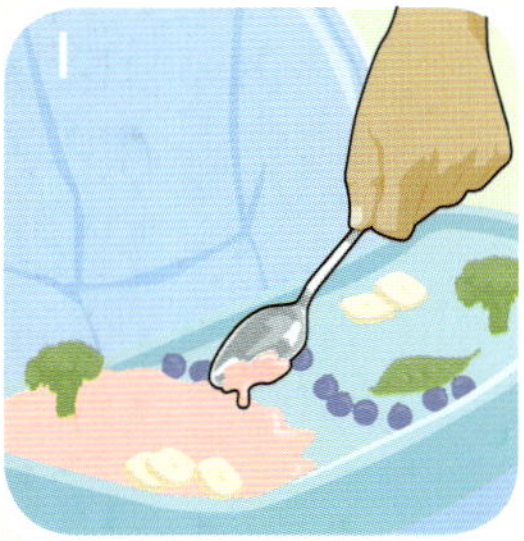

Fingerfood vorbereiten.

Baby im Hochsitz angurten.

Butterkekse in Tierform
dazugeben.

Auf Safari gehen.

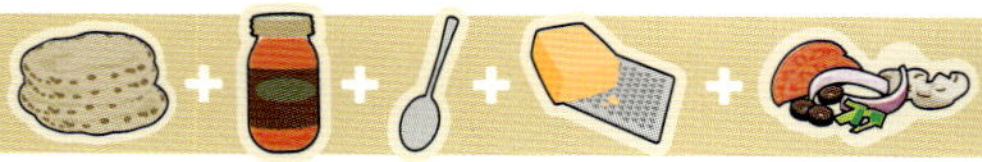

Pita-Pizzas für zwischendurch 141

Tomatensauce auf Pitas verstreichen.

Käse darauf streuen.

Sich bei der Garnierung austoben.

Backen, in kleine Stücke schneiden und servieren.

Gummibärchen selbst gemacht 142

Saft und Gelatine vermischen.

Zusätzlichen Saft erhitzen.

Zusammengießen.

Rühren, bis sich die Gelatine auflöst.

In ungefettete Form gießen.

In den Kühlschrank stellen, bis die Masse fest wird.

Mit witzigen Formen ausstechen.

Essen und genießen.

143 Matschkuchen backen

Sand in einen Eimer geben.

Wasser hinzufügen, umrühren.

In eine Form gießen; an der Sonne trocknen lassen.

Mit Blumen verzieren.

144 Eine Sandburg bauen

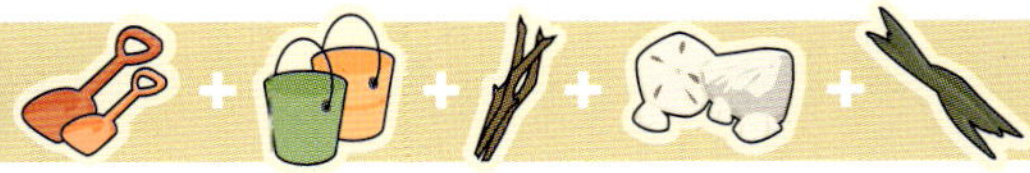

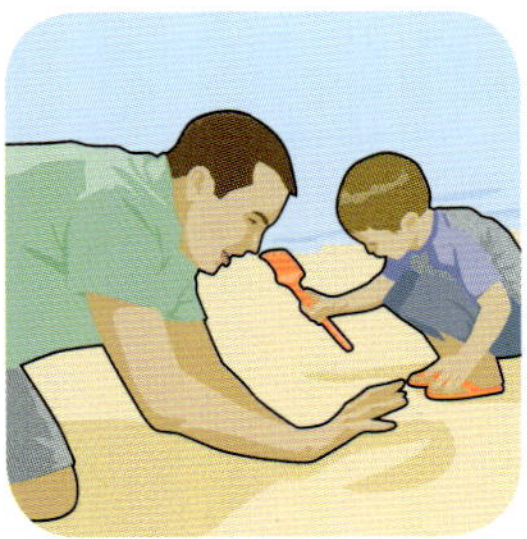

Fundament legen.

Zusätzlichen Sand nach oben graben.

Aufschichten und mit Wasser formen.

Verzieren und Wassergraben bauen.

Spaß in der Badewanne 145

146 In den Schnee malen

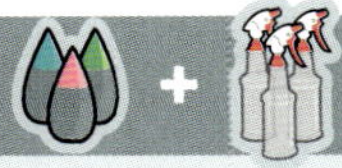

Lebensmittelfarbe und Wasser vermischen.

In eine Sprühflasche füllen.

Den Schnee besprühen.

Einfach Spaß haben!

147 Mit Babynahrung malen

„Farben" zusammenstellen.

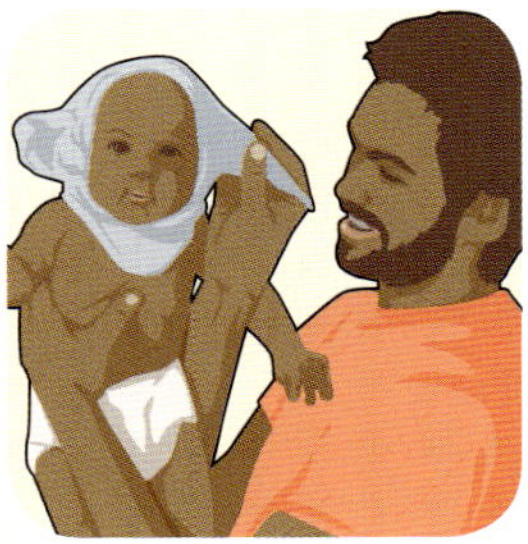

Sich auf das Chaos vorbereiten.

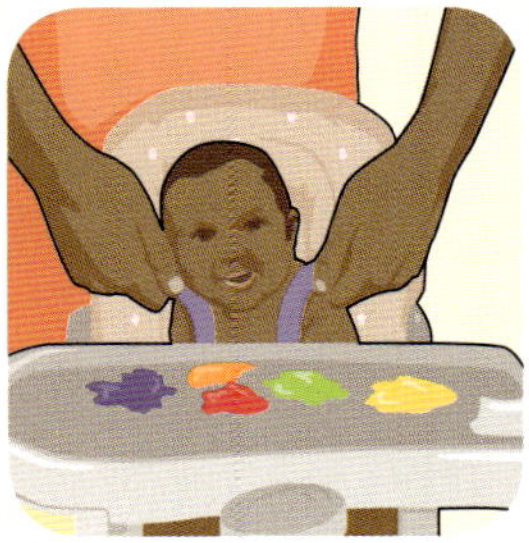

Baby im Hochsitz festgurten.

86 Baby in der Wanne baden

Dem Baby zeigen, wie man malt.

Mit Seifenblasen spielen 148

Stimuliert das Verfolgen mit den Augen.

Verbessert räumliche Wahrnehmung.

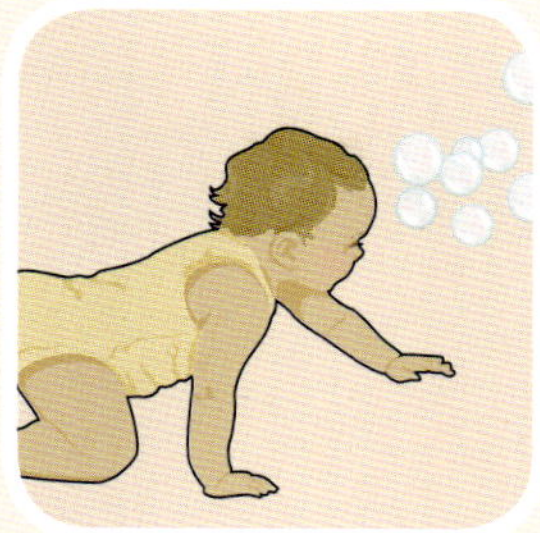

Fördert Bewegung.

Es die Sache selbst in die Hand nehmen lassen.

Bastelstäbchen-Puzzle entwerfen 149

Bastelstäbchen mit Klebeband zusammenkleben.

Ungiftige Filzstifte verwenden.

Klebeband entfernen; durchmischen.

Das Puzzle zusammensetzen.

150 Gefährte aus Karton bauen

1 Karton verschließen.

2 Sitz und Türen ausschneiden.

3 Frontscheibe einzeichnen und falten.

4 Frontscheibe ausschneiden, ankleben.

5 Pappteller-Räder ankleben.

6 Becher-Lichter montieren.

7 Farbe ins Spiel bringen. *

8 Sitze anbringen.

* Seien Sie kein Spielverderber. Wenn es ans Malen geht, lassen Sie sich von Ihrem Kind helfen, schließlich ist es ja sein Fahrzeug!

151 Selbst ein Buch basteln

1 Papier schneiden und falten.

2 Seiten zusammennähen.

3 Karton schneiden.

4 Karton auf Stoff legen.

152 Mit dem Baby lesen

Bücher mit robusten Seiten wählen.

Sich Fotos von Gesichtern ansehen.

Mit Spaß an die Sache gehen!

Bilder beschreiben.

5 Stoff zuschneiden.

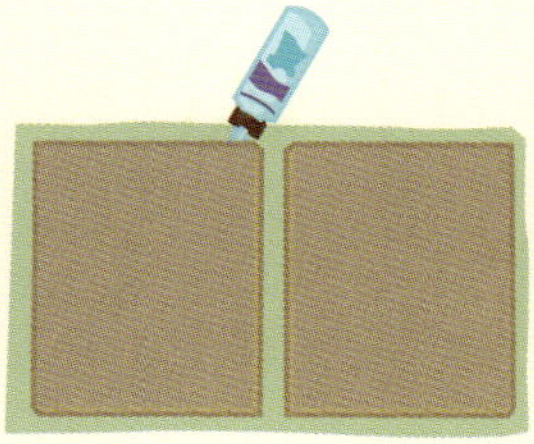

6 Stoff auf den Karton kleben.

7 Enden falten und verkleben.

8 Erste und letzte Seite ankleben.

Die Lieblingsgeschichten beliebig oft lesen.

Ablenkungen vermeiden.

Die Geschichten persönlich gestalten.

Es mit Geräuschen spannend machen.

* Wenn Ihrem Kind eine Geschichte gefällt, lesen Sie sie nochmals. Das kommt Ihnen vielleicht langweilig vor, aber Babys lieben Wiederholungen.

153 Märchen erfinden und erzählen

Einen Ort auswählen.

Das Baby zum Helden machen.

Den Schatz beschreiben.

Den Bösewicht vorstellen.

Den Bösewicht besiegen…

…ohne Gewalt anzuwenden.

Den Schatz bekommen.

Und wenn sie nicht gestor-ben sind…

Schattenfiguren helfen, die Vorstellungskraft beim Erzählen zu wecken, und machen viel Spaß. Hier einige Tipps für den Anfang, aber die Möglichkeiten sind unendlich.

Gorilla

Wolf

Elch

Stier

Fledermaus

Panther

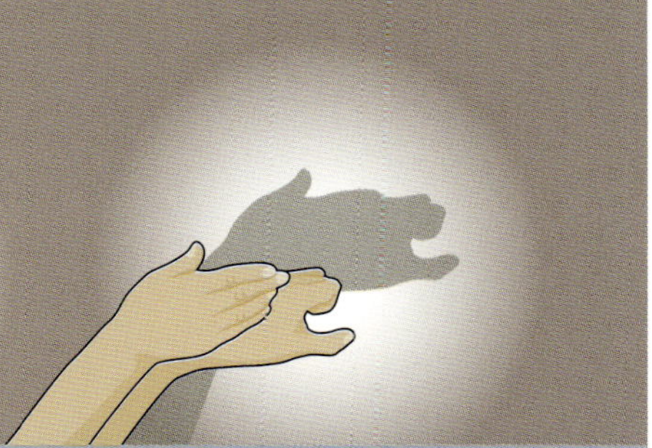

Papagai

Antilope

Schwan

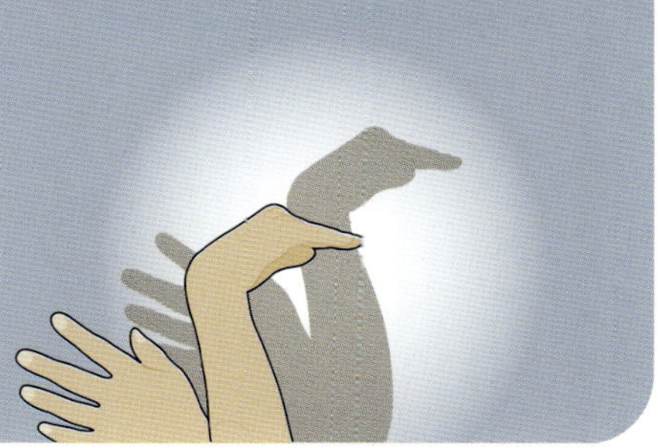

155 Eine Zeitkapsel entwerfen

Um Erinnerungen von Babys erstem Jahr zu sammeln und aufzubewahren, ist eine Zeitkapsel eine witzige Idee. (Und: Alles was Sie im Garten vergraben, bedeutet mehr Platz in Ihrem Schrank!) Wenn das Kind alt genug ist, wird es ihm Spaß machen, die Zeitkapsel zu erforschen. Verschließen Sie alles in einem luftdichten Behälter und verlieren Sie die Schatzkarte nicht!

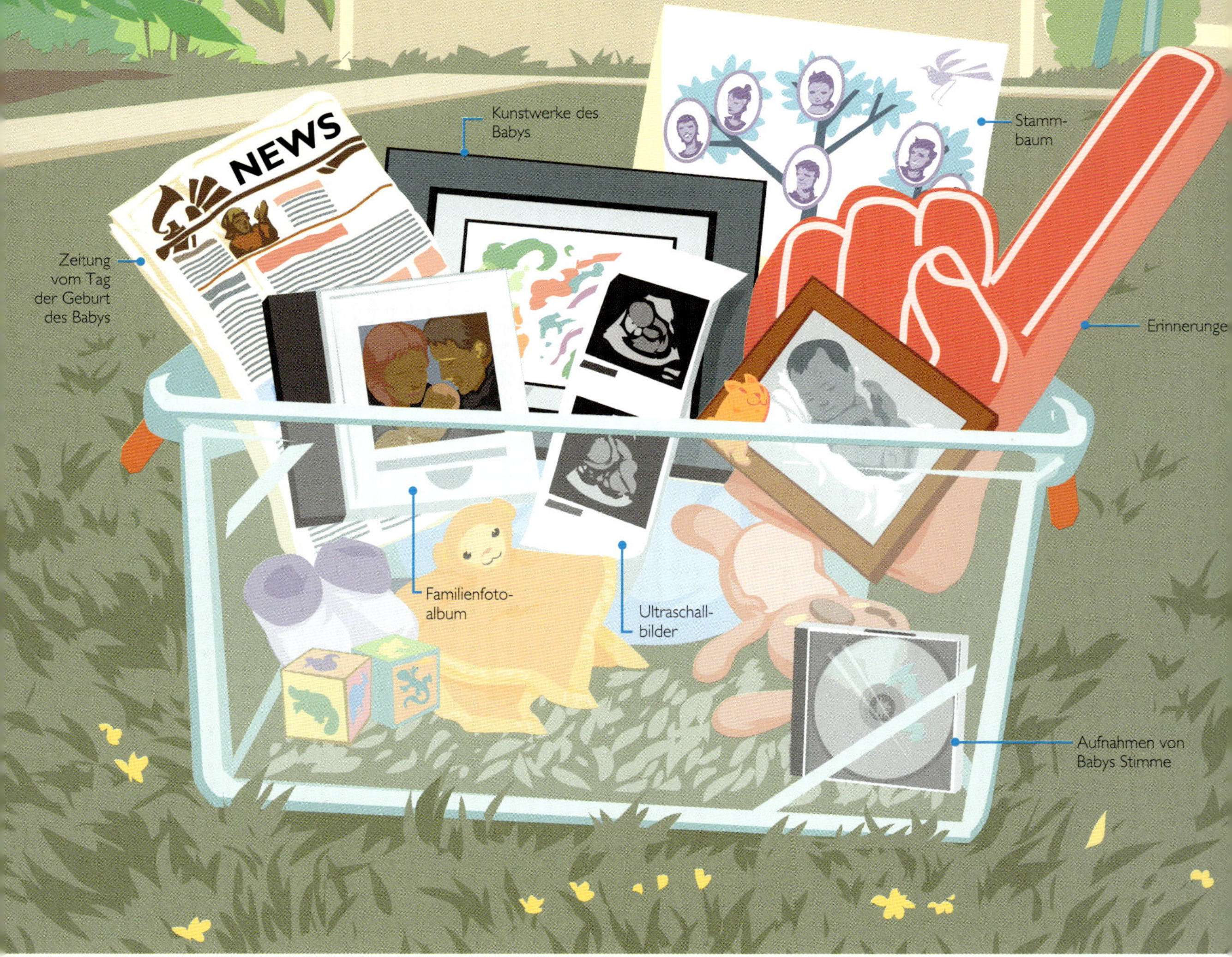

Eine Schatzkarte zeichnen 156

Den Garten skizzieren.

In Metern vermessen…

…oder mit dem GPS.

Mappe sicher verstauen.

Werkzeuge

Spielzeug
Ventilator
Limette
ungiftiger Klebstoff
Schnabeltasse
Staubsauger
Badeschwamm
Spielzeug
Stoffwindel
Lappen
Seetang
T-Shirt
Spielzeug
Schere
ungiftige Farben
geschnittenes Gemüse
U-Bahn-Plan
ungiftige Filzstifte
grünes Gemüse
Baby-Einteiler
Joghurt
Unterlage
Schaumbad
Häppchen
Milchnahrung
Seife
Spielzeug
Waschlappen
Glasschüssel
Klebeband
Spielzeug
Wandfarbe
Baby-Löffel
Autositz
Holzklötze
Waschmittel
Wasserflaschen
Babypyjama
Plastiktassen
Pizzaschachtel
Babykleidung
zerkleinertes Essen
Wickeltasche
Flugtickets
Schablone
Jacke
Garn
Spielzeug
Hochsitz
Spielzeug
Gleitmittel
Babytücher
Lätzchen
Bügeleisen
Tomatensauce
Theaterkarten

Isolierband
Männermagazin
Spielzeug
geriebener Käse
Saft
Farbpinsel
Kartonschachtel
Keks
Kerze
Babynahrung
Ball
Blumen
Kissen
Teddybär
Schleifpapier
Bastelstäbchen
Staubsauger
Kondom
Baby
Sieb
Bohrmaschine
Stäbe
Lampenfassung
Butterkekse in Tierform
weiches Spielzeug
Seifenblasen
Windeln
Schwimmbrille
Kissen
Farbpinsel
Lampenstange
Sandwich
Windeln
Spielzeug
gehackter Speck
Ball
Spielzeug-Eimer
Steckerkabel
Holz
Snacks
Tragetuch
Blumenstrauß
Stützkissen
Zange
Pfanne
Karton
Abdeckband
Mopp
Spielzeug-Schaufel
Grenadine
Creme gegen Windel-ausschlag
Schraubenzieher
Löffel
Werkzeugtasche
Pita-Brot
Kabelhalter
Sänger
Nagelfeile
Picknickkorb
Streichhölzer
Erde
Spaten
Gelatine
Handtuch

ungiftige Stifte
Babyshampoo
Pappteller
Sprühflaschen
Sieb
HiFi-Anlage
Gewichte
Ninja-Kostüme
Bade-Ente
Papier
Eier
Baby-Badewanne
Keks-Ausstecher
Stecknadel
Heftapparat
dünner Farbpinsel
Bleistift
Kragen und Ärmel-stulpen
Tüte für Muttermilch
Bohraufsatz
tragbarer Radio
Nagelknipser
Ohrhörer
Teppichmesser
Limonade
ungiftiger Klebstoff
wiederverschließbare Tüte
Spielkonsole
Wasserglas
Faden
Taschenlampe
kontrastreiche Bilder
Spielzeug
schwarzer Filzstift
Snacks
Kuchendose
Messlöffel
Schneebesen
Handy
Kleiderhaken
Kissen
Fläschchen
Papier zum Aufbügeln
Zange
Pfanne
GPS
Wanne
Smartphone
Bücherseiten
Küchenrolle
Eis
Löffel
Farbwanne
Safe
Maßstab
Spiegel
Muscheln
Handspiegel
Martiniglas
Klebeband
Topf mit Deckel
ungiftige Lebens-mittelfarbe
Kinderwagen-Tasche
Farbdrucker

Register

j-k-l

m-n-o

p-q-r

s-t-u

v-w-x-y-z

132

125

140

11

66

Moewig ist ein Imprint der Edel Germany GmbH

Neumühlen 17, 22763 Hamburg

www.edel.com

4. Auflage 2015

Originaltitel: Show Dad How: The New Dad's Guide to Baby's First Year
Autorin: Sarah Shawn Bean

Projektkoordination: Constanze Gölz
Produktion der deutschsprachigen Ausgabe: Print Company Verlagsges.m.b.H., Wien
Übersetzung für Print Company: Jeanine Lefèvre

ISBN 978-3-86803-477-6

Printed in China by 1010

Besonderer Dank gilt:

Storyboarder
Sarah Duncan, Sheila Masson, Jamie Spinello, Brandi Valenza, Astrea White, Kevin Yuen

Spezialisten Illustration
Hayden Foell, Jamie Spinello, Ross Sublett

Unterstützung Redaktion und Recherche
Kendra DeMoura, Emelie Griffin, wMarianna Monaco, Gail Nelson-Bonebrake, David Sackrider, Marisa Solís

Ein besonderer Dank geht an Mariah Bear und Lucie Parker für ihre „So geht das"-Expertise.

A Show Me Now Book.
Show Me Now is a trademark of Weldon Owen Inc.
www.showmenow.com

ILLUSTRATIONEN Das Artwork in diesem Buch war Teamarbeit. Wir möchten uns bei unseren Illustratoren bedanken.

Cover vorn: Tina Cash Walsh: Spielzeug, Schnuller Britt Hanson: Figuren, Kinderwagen Paula Rogers: Windeln wechseln

Cover hinten: Juan Calle (Liberum Donum): Sich vorbereiten Steve Balesta: Milchnahrung Gabhor Utomo: Baby zum Lachen bringen

Schlüssel Hg=Hintergrund, R=Rahmen

Steve Baletsa: 21, 59–60, 70, 77–78 **Conor Buckley:** 12 Hg, 17, 24, 35–37, 70 Hg, 112 Hg, 119 Hg, 140 Hg, 143 Hg, 151 **Juan Calle (Liberum Donum):** 1–5, 11, 16, 18, 20 R, 23, 30–32, 43–44, 49–51, 65–68, 71–73, 94–97 R, 108–111, 112–113 R, 125–126, 131–133, 153, 155–156 **Tina Cash–Walsh:** 76, 79, 82, 85–88 **Hayden Foell:** 13, 22 **Britt Hanson:** 19, 41, 62, 83, 90, 114, 135–138, 145 Hg **Vick Kulihin:** 27, 29, 34, 38, 40 **Raymond Larrett:** 69 **Rachel Liang:** 6, 45 **Christine Meighan:** 99, 139, 141, 143 **Paula Rogers:** 7, 12, 61, 63–64, 74–75, 80, 84, 120, 146, 148 **Ross Sublett:** 15 **Bryon Thompson:** 10 Hg, 14, 20 Hg, 81–82, 94–97 Hg, 121–124, 150 **Lauren Towner:** 105, 115–116, 119, 134 **Gabhor Utomo:** 8–9, 10 R, 26, 39, 46–48, 53–58, 84, 89, 93, 98, 101–104, 106–107, 117–118, 127–130, 140, 142, 144, 145 R, 147, 149, 152 **Mary Zins** 25, 28, 33, 91, 100, 154

Schlussbemerkung

Hey, Papa!

Gibt es etwas Tolles, das in diesem Buch hätte sein sollen? Verfügen Sie über besondere Fähigkeiten in Bezug auf Babys, die Sie mit dem Rest der Welt teilen wollen? Haben wir etwas nicht so gut hinbekommen? Dann lassen Sie es uns wissen!

Wir freuen uns immer über Post von unseren hochtalentierten Lesern. Schicken Sie uns Ihre Ideen, Anregungen oder auch Fotos und Videos, in denen Sie Ihre Fähigkeiten, mit Babys umzugehen, zur Schau stellen und vielleicht sind auch Sie dann im nächsten „So geht das!"-Buch vertreten.

Also dann, hoffentlich bis bald!

www.showmenow.com

ATTN: SHOW ME TEAM
Weldon Owen Inc.
415 Jackson Street
San Francisco, California 94111